AF314631

Nancy, imprimerie de veuve RAYBOIS et Comp.

RIRI.

SOUVENIRS DE 1794-1795.

PAR L. SCHOTT,

ANCIEN LIEUTENANT A L'ARMÉE DE RHIN ET MOSELLE.

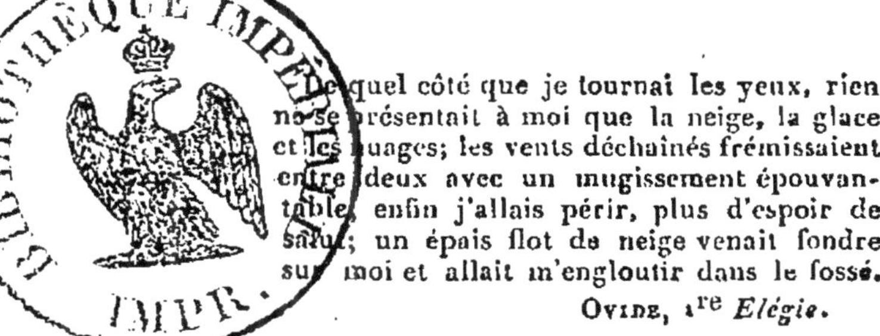

De quel côté que je tournai les yeux, rien ne se présentait à moi que la neige, la glace et les nuages; les vents déchaînés frémissaient entre deux avec un mugissement épouvantable, enfin j'allais périr, plus d'espoir de salut; un épais flot de neige venait fondre sur moi et allait m'engloutir dans le fossé.

OVIDE, 1re *Elégie*.

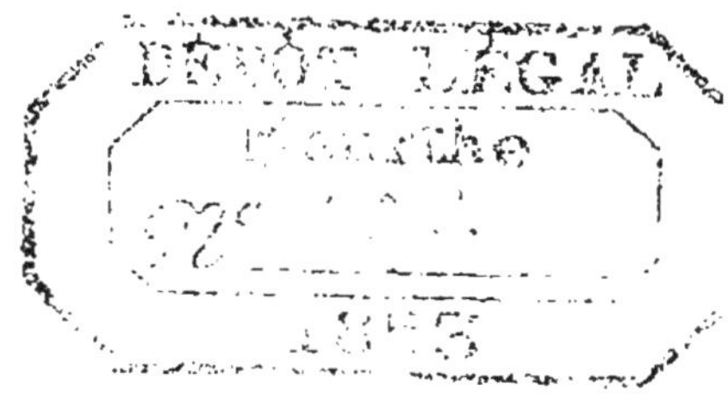

NANCY,

GRIMBLOT ET VEUVE RAYBOIS, IMPRIMEURS-LIBRAIRES,

Place Stanislas, 7, et rue Saint-Dizier, 125.

—

1855.

RIRI.

SOUVENIRS DE 1794-1795.

Le 24 décembre a souvent été néfaste pour moi.

A pareil jour, en 1787, j'ai perdu mon père, qui me laissa l'aîné de cinq orphelins, à l'âge de onze ans et demi.

En 1793, la veille de Noël, je marchais, sous les ordres du général Hoche, dans la neige, à travers les forêts, monts et vallons, pendant toute la nuit, pour aller débloquer Landau, assiégée par les Prussiens.

En 1794, à pareil jour, j'ai failli périr dans la neige, faute d'avoir écouté les remontrances d'une jeune fille.

A la même date, en 1813, forcé par l'invasion des Cosaques à quitter ma famille, j'ai bivouaqué, à minuit, au haut du *Bonhomme*, où on me fit payer 15 francs pour cinq demi-tasses de café, que l'on s'était procurées chez M. le curé. Sans les secours d'un fermier des environs, nommé *Simon,* ma voiture de bagage aurait été culbutée dans un précipice.

En 1824, la veille de Noël, je parcourais à cheval le *Tourmalet* couvert de neige, et l'étroit passage des *Echelles,* qui conduit à Gavarnie (*Hautes-Pyrénées*), au risque de tomber dans le Gave, à la profondeur de plus de 50 mètres.

En 1843, la veille de Noël, j'ai perdu ma femme.

Enfin, en 1847, le 24 décembre (1), me trouvant à Saint-Flin, madame B... me dit que « *Marie,* sa petite fille, était malade. — *Madame, répliquai-je, vous vous appelez donc Marie ? —* Non, monsieur. — *Votre mère ? —* Non, monsieur.— *La marraine de votre enfant sans doute ?* Non, monsieur; j'ai donné ce nom à ma fille, dit-elle, parce qu'il me parait si beau ; mon mari ne l'aime pas ; il dit que c'est le nom des filles d'auberges ; j'aime beaucoup ce nom de Marie.»

En quittant la ferme, je n'étais préoccupé que du nom de Marie, qui me rappelait une jeune personne que j'avais eu le bonheur de connaître à l'âge de dix-huit ans, et qui, à pareil jour, il y a 53 ans, voulait exposer sa vie pour m'éviter les dangers que j'allais braver pour elle.

De retour chez moi, accablé par les tristes

---

(1) En 1852, à pareil jour néfaste, j'ai manqué d'être noyé dans le canal entre [Varangéville et Saint-Flin, en retirant de l'eau ma casquette que le vent y avait jetée; mon chien *Low* voyant le danger auquel je m'exposais, me retint par le collet de mon manteau et l'a déchiré ; j'ai continué ma route la tête nue et ma casquette mouillée à la main

souvenirs de cette époque de ma jeunesse, je passai en revue toutes les aventures auxquelles j'avais été exposé à cette date fatale, et qui me rappelèrent l'épisode le plus remarquable de ma vie, c'est-à-dire, la mémorable campagne de l'an II, et la suite de la bataille de Fleurus, due au génie de Carnot, mort en exil.

Les colléges ayant été fermés en 1791, je travaillai pendant un an chez un notaire et au bureau d'enregistrement : j'obtins un brevet de surnuméraire.

Au mois de juillet 1792, lorsque les coalisés envahirent la Champagne, et que le général prussien, *duc de Brunswick,* par son manifeste, menaçait la France entière de mort et de destruction, je m'engageai comme volontaire dans les chasseurs *du Mail,* et.fus envoyé en garnison à Landau.

Le surlendemain de mon arrivée, la ville était bloquée ; les fortifications de ce boulevart de l'Alsace étaient en mauvais état ; le commandant venait de passer à l'ennemi.

Quinze jours après, nous fûmes délivrés par l'arrivée du général Custines, à la tête de 20,000 hommes. Nous étions campés sur les glacis ; l'armée bivouaquait ; la cavalerie occupait les villages des environs.

Dans la nuit du 29 au 50 septembre, nous partîmes du camp ; le 50, au matin, nous investimes *Spire :* la garnison, forte de 5,500 hommes, fut faite prisonnière ; ceux qui avaient tenté de se sauver à la nage furent noyés.

Nous trouvâmes dans cette ville, faiblement fortifiée, une immense quantité d'approvisionnements de toutes espèces. L'armée continuait sa marche victorieuse vers Mayence. De nombreuses colonnes de prisonniers se succédaient journellement; nous fûmes commandés pour les escorter jusqu'à Strasbourg, où nous restâmes en garnison pendant l'hiver.

Au printemps 1793, nous fûmes envoyés sur le Haut-Rhin; on se disposait à effectuer le passage de ce fleuve près de *Kemps*. Au moyen d'une levée en masse, on avait réuni 40 à 50,000 hommes; jour et nuit, on correspondait avec l'ennemi de l'autre côté, par des coups de canon et de fusil.

Toutes les dispositions étaient faites: l'armée attendait l'ordre pour tenter le passage depuis 5 heures du matin; mais des lenteurs inexplicables firent échouer complétement cette entreprise, qui avait pour but une diversion en faveur de l'armée du Bas-Rhin.

Les troupes, restées sous les armes depuis plusieurs heures sur les bords du Rhin, avaient donné l'éveil à l'ennemi; il réunit toutes ses forces sur le point menacé, et lorsque, vers midi, commença l'embarquement, les premiers pontons lancés dans l'eau furent reçus par les Autrichiens à coups de canon et coulés bas. Une compagnie de grenadiers parvint cependant à débarquer, et se réfugia sur le territoire neutre de Bâle.

Il fallut renoncer au passage projeté. Le général fut traduit devant un tribunal militaire; l'armée rejoignit celle du Bas-Rhin; la levée en masse retourna dans ses foyers.

A notre passage à Brisac, nous assistâmes au bombardement de Vieux-Brisac, qui ne nous coûta qu'un canonnier, volontaire de Neuf-Brisac, tué à côté de sa pièce, au fort Mortier.

Arrivés à Languenschleithal, près Vissembourg, nous fûmes embrigadés pour la deuxième fois ; mon régiment fut envoyé en garnison au fort Vauban.

Le 9 ou 10 octobre 1793, je fus commandé pour me rendre à Strasbourg, sous les ordres du capitaine Leblanc, accompagné d'un caporal et de cinq volontaires, pour y recevoir des effets d'habillement.

Notre commandant se trouvait en cette ville ; le quartier-maître ayant des affaires de comptabilité à y régler, se chargea de la commission confiée au capitaine Leblanc. Une partie des effets destinés à deux bataillons de la garnison venait d'être expédiée à Haguenau, ce qui nous mit dans la nécessité de passer par cette ville pour retourner à notre garnison.

Au moment où nous allions quitter la place d'armes, le quartier-maître Blondin vint, par ordre du commandant, me confier la conduite de nos bagages, prétextant que ses affaires le retenaient dans la ville.

Le canon grondait sur la ligne du Rhin.

À peu de distance, nous rencontrâmes un grand nombre de fuyards, à cheval et en voiture, sans pouvoir nous rendre compte des motifs d'un pareil encombrement. Entre Stephansfeld et Brumath, l'adjudant-général Tharreau, arrivant en toute hâte, nous prévint « que » l'ennemi avait, par trahison, envahi les lignes » de Wissembourg, à l'aide d'un corps d'émi- » grés débarqués près de Lauterbourg ; que » l'armée, surprise à cinq heures du matin, » battait en retraite en désordre ; que le quar- » tier-général se rendait à Haguenau ; que l'on » s'efforçait de rallier les troupes dans la forêt, » derrière la *Moder ;* que le fort Vauban, lieu

» de ma destination, allait être bloqué par les
» Kaiserlicks ; qu'ainsi il ne serait pas prudent
» de notre part de continuer notre route vers
» Haguenau, etc. »

Il nous conseilla de nous diriger à gauche, vers les Vosges, par Morschwiller et Pfaffen-hoffen, où probablement nous rencontrerions le gros de l'armée.

Ces fâcheuses nouvelles nous furent confirmées à Brumath par plusieurs officiers qui arrivaient du quartier-général avec la mission de rallier les troupes pour garnir les lignes depuis le Rhin jusqu'aux Vosges.

Nous prîmes la route à gauche, vers Pfaffen-hoffen. Nos guides, mécontents de cette direction, qui les éloignait de leur village, s'apprêtaient à dételer leurs chevaux; mais le caporal Fiess et un volontaire sautèrent à cheval. Nous continuâmes ainsi notre route jusqu'à la *Walch,* où nous comptions rencontrer une partie de l'armée en retraite.

Le maire de *Pfaffenhoffen*, bon patriote, eut la complaisance de nous héberger sur de la paille au grenier. Avec les rations de vivres dont nous étions pourvus amplement, et quelques pommes de terre que nous fournit notre hôte, nous fîmes un bon repas. Les voituriers profitèrent de la nuit pour s'enfuir avec leurs chevaux.

Le lendemain matin, nous apprîmes que les Kaisérlicks étaient entrés à Wærth et menaçaient Reichshoffen.

Le maire nous donna le conseil de nous diriger vers les montagnes par Engveiller. Andréosy, officier d'artillerie, mit à notre disposition six chevaux et deux conducteurs, arrivés de Geisberg par Soultz pendant la nuit.

A Zinsveiller, je pris logement à la Forge, où je rencontrai grand nombre de fuyards de toutes armes sans chef.

Je proposai à tous les militaires de nous réunir et de nous diriger vers *Niderbronn*, ou plus avant dans la vallée, vers Bitche, jusqu'à ce que nous rencontriions un corps de troupes ou un chef pour nous conduire.

Nous arrivâmes à Niderbronn au nombre de 50 hommes environ, et nous logeâmes, avec l'autorisation de la municipalité, dans les bâtiments des bains et ceux séquestrés du citoyen Dietrich.

Le restant de nos rations de Strasbourg, nous servit merveilleusement pour le souper, avec quelques légumes et du vin, que nous fournirent généreusement les habitants de la commune.

Avec nous, se trouvaient deux tambours sans caisse et un trompette de dragons ; à tout instant arrivaient d'autres fuyards.

Le lendemain matin parut un détachement d'infanterie, sous le commandement d'un capitaine qui avait traversé les forêts sans avoir été inquiété par l'ennemi.

Le capitaine se procura deux caisses de la garde nationale et fit battre le rappel dans toute la vallée.

Vers une heure après midi, nous étions environ 150 hommes, dont moitié sans armes.

On plaça un poste à moitié chemin de Reichshoffen, près de la papeterie du citoyen Wilt, qui eut la complaisance de procurer à nos hommes les vivres nécessaires ; le maire nous fit distribuer du pain, de la viande, etc., les habitants nous fournirent des légumes, du vin, etc.

Cent hommes du .... bataillon du Cher vinrent se joindre à nous le jour suivant, sous les ordres de trois officiers ; on nous organisa en compagnies provisoires de 50 à 60 hommes.

Au bout de trois jours, notre corps d'armée était d'environ 500 hommes de toutes armes, y compris plus de 200 jeunes gens de la première réquisition, non encore complétement habillés.

L'ennemi se trouvait en face de nous, à Reichshoffen ; le quartier-général s'était retiré d'Haguenau sur Strasbourg ; les *Kaiserlicks* avançaient dans la direction de Saverne, et les Prussiens cernaient Bitche.

En ce moment arriva le général Offenstein, accompagné de quelques officiers et chasseurs qui avaient traversé les Vosges ; il fit réunir les armes abandonnées dans les villages par les fuyards, et prendre les fusils des gardes nationales des communes voisines. Il distribua les effets d'habillement que j'avais amenés et m'en donna décharge.

Je m'habillai confortablement pour la campagne d'hiver.

Quelques détachements, peu nombreux, égarés dans les forêts voisines de Pirmasens, se réunirent à nous successivement ; nous formions l'extrême gauche de l'armée du Rhin. Soutenus par la brigade Offenstein, nous défendimes l'entrée de la vallée de Bitche pendant sept semaines. Les habitants quoique surchargés de logements et de réquisitions nous traitaient amicalement.

Au commencement de décembre, le général Pichegru reprit l'offensive entre Haguenau et les Vosges.

Nous fûmes renforcés successivement par

l'arrivée de 2,000 hommes. Au bruit du canon et des feux de bataillon, il était facile de s'apercevoir que l'armée du Rhin avançait vers le Bas-Rhin.

L'ennemi avait fortifié les hauteurs de Liebfrauberg, près Wœrth, en face de la vallée que nous occupions; Landau était assiégé par les Prussiens depuis près de cinq mois.

De nouveaux renforts se réunirent à notre droite; des officiers supérieurs et aides-de-camp vinrent communiquer avec le général; les ordonnances qui arrivaient par la route de Bitche et la vallée de la Petite-Pierre, nous firent pressentir quelque grand événement.

Les 21 et 22 décembre arrivèrent, par la route de Bitche, trois divisions de l'armée de la Moselle.

Le général Hoche, nommé commandant en chef des deux armées fit attaquer immédiatement les lignes ennemies, et s'avança, à la tête de 50,000 hommes, vers Vissembourg.

L'armée s'empara de Bischwiller, Haguenau, tourna les lignes sur la Moder, et força l'ennemi, que nous avions tenu en échec pendant sept semaines, à abandonner Reichshoffen et ses positions retranchées à Liebfrauberg, Geisberg, et à se retirer vers Bergzabern. Les émigrés s'enfuirent vers Lauterbourg, d'où ils furent chassés par deux divisions de l'armée du Rhin.

Le 24 décembre, on nous fit une distribution extraordinaire de vivres et de munitions pour deux jours.

Appel avec armes et bagages pour trois heures précises; hommes, chevaux, tout était en mouvement.

Les sergents-majors se réunirent chez les commandants pour copier l'ordre. On fit sortir des rangs tous les hommes nés dans les environs de Wissembourg, pour former l'avant-garde.

Il fut spécialement défendu de crier ou de tirer un seul coup de fusil ; dans le cas où on rencontrerait l'ennemi, on devait l'attaquer à l'arme blanche.

A trois heures et demie, on fit l'appel ; nous nous rangeâmes sur deux rangs. Le poste qui se trouvait sur la route de Reichshoffen avait reçu l'ordre de rentrer.

A quatre heures, nous nous mîmes en marche, sans savoir pour quelle destination ; trois guides des environs de Danbach et trois officiers du bataillon du Bas-Rhin marchaient en tête de l'avant-garde, composée de soldats nés dans le district.

La terre était couverte de neige ; nous traversâmes des forêts par des sentiers étroits, raboteux, coupés par des fossés, des ravins et des marais.

A six heures, on fit halte au Jægerthal pendant trente minutes.

Le mauvais état des chemins que nous avions à traverser, retardait considérablement notre marche. Nous fîmes quatre haltes dans les bois pendant cette nuit.

Vers six heures du matin, par un beau clair de lune, nous sortîmes des forêts près de Magdebourg. Le général fit avancer les canonniers à cheval à la suite de la colonne qui portait des fusées.

On entendait le canon sur notre droite et en face de nous : *c'est Landau, se disait-on.*

Le général fit lancer quelques fusées, auxquelles il fut répondu de la place par des bom-
bes, des obus et des coups de canon contre les
travaux des assiégeants.

Vers sept heures, la canonnade devint plus
vive, tant de la place que du côté de Bergzabern.
On nous dit qu'il s'agissait de débloquer ce
boulevart de la République, et que l'armée de
Rhin et Moselle venait se réunir à nous, pour
chasser du territoire français ces dernières
hordes ennemies.

Nous aperçumes la place, le feu devint plus
vif, le canon de l'armée française se rapprochait.

La garnison fit une sortie par la porte de
Hartheim, dès que notre colonne fut aperçue ;
l'ennemi commençait à évacuer ses retranchements. Aussitôt que la cavalerie et l'artillerie,
qui avaient plus de chemin à faire que l'infanterie, furent arrivées, nous nous mîmes en bataille et avançâmes vers la place. Attaqué sur
toute la ligne depuis la montagne jusqu'au
Rhin, le général prussien avait dégarni les
environs de Landau, qu'il comptait prendre
sous deux jours, laissant seulement quelques
détachements peu nombreux pour protéger les
assiégeants.

Des patrouilles de hussards de la Mort, en-
voyées pour nous reconnaître, rebroussèrent
chemin, après avoir essuyé quelques coups de
fusil.

Un escadron de chasseurs et un bataillon
d'infanterie légère de l'avant-garde de l'armée
du Rhin, arrivés de Bergzabern par la montagne, se joignirent à notre droite. Notre aile
gauche se rapprochait du canal de la Gueich,
où l'ennemi avait établi un pont de communi-
cation avec le Palatinat.

Les Prussiens commencèrent à évacuer les lignes, et à transporter leur matériel au-delà de la rivière.

Un officier, escorté de deux chasseurs de la garnison, parvint, après midi, jusqu'à nous, au moment où un peloton de hussards de l'armée du Rhin nous apportait la nouvelle que le général Hoche, à la tête de trois divisions, descendait de Bergzabern, poursuivant l'ennemi vers Guermersheim ; que deux divisions de notre armée descendaient en même temps par la route de Lauterbourg (1).

La garnison de Landau manquait de vivres ; on lui fit espérer que sous peu d'heures elle en serait pourvue ; en attendant, notre général fit enlever, par réquisition, dans les villages voisins, le bétail et les vivres indispensables à notre subsistance ; la garnison reçut le soir même quelques vaches et quelques bœufs pour les hôpitaux.

Les Prussiens continuèrent l'évacuation de leurs retranchements, et décampèrent complètement dans l'après-midi, après avoir mis le

---

(1) On a trouvé, il y a environ trente-cinq ans, dans le tronc d'un arbre dépéri, que l'on venait d'abattre à Ifelsheim, près de Landau, un squelette revêtu des armes et équipement d'officier hussard prussien qui, apparemment, s'étant réfugié au haut de cet arbre, déjà creux alors, s'y était enfoncé et périt lors de notre arrivée devant la place.

Le sabre et les boutons d'uniforme, rouillés, paraissaient être du régiment de hussards noirs, dits de la Mort.

Depuis la fin de 1793, aucun corps d'armée prussien n'avait paru dans le Bas-Rhin.

feu à leurs barraques ; ils furent harcelés par
notre cavalerie légère jusqu'à la nuit, sur la
route du Palatinat.

Nous nous rapprochâmes de la ville que nous
venions de délivrer ; un bataillon de la garnison sortit pour nous recevoir sur le glacis.

Nous bivouaquâmes dans les retranchements
prussiens ; les plates-formes de l'ennemi nous
servaient de lit, les gabions et les restes de
leurs barraques, de tentes.

Le 26, au matin, l'armée était réunie devant
Landau.

Le général Hoche, accompagné de deux repré-
sentants du peuple, fit son entrée à la tête de
l'état-major et d'une partie des troupes. Arrivés les premiers devant la place, nous fûmes
désignés pour former l'avant-garde.

La ville et les fortifications avaient beaucoup
souffert ; les rues étaient dépavées, encombrées
de matériaux provenant des bâtiments incen-
diés ; il ne restait plus qu'une ration de vivres
pour la garnison.

Si nous n'étions pas accourus au secours de
Landau, la ville n'aurait pu tenir plus longtemps ; la veille même, il avait été décidé, dans
un conseil de guerre, que s'il n'arrivait pas de
secours dans trois jours, la garnison abandon-
nerait la place, après avoir fait sauter les fortifications, et ferait une trouée pour se jeter dans
les montagnes vers Bitche ou Kaiserslautern.

Le gros de l'armée poursuivit l'ennemi en
déroute vers Guermersheim.

Le général en chef, après nous avoir passé
en revue, renvoya dans leurs corps respectifs
les hommes appartenant aux régiments de
l'armée du Rhin, et confirma, sur la proposi-

tion de notre commandant et de l'avis des commissaires de la Convention, le grade de lieutenant provisoire que j'avais reçu à Niderbronn en novembre.

Comme il ne restait que cinq hommes de ma compagnie, et que notre bataillon était prisonnier de guerre en Hongrie depuis la capitulation du fort Vauban, il nous fit délivrer une feuille de route pour Strasbourg, où nous devions rester en subsistance dans un bataillon de la garnison, en attendant la rentrée de notre corps.

Wissembourg, premier lieu d'étape, était encombré de troupes de toutes armes qui rejoignaient l'armée ; une grande partie de la population venait d'être entraînée par l'ennemi, dans sa fuite ; les maisons étaient dévastées; les *Kaiserlicks* avaient enlevé jusqu'aux serrures et aux ferrements. Les bâtiments habitables étaient occupés par des militaires malades ou blessés, se dirigeant, les uns vers Landau, les autres retournant à Strasbourg.

Nous trouvâmes enfin un gîte dans un cabaret autrefois fréquenté par nos camarades, et situé derrière l'auberge à l'église blanche.

Le chef de la maison avait été forcé, comme beaucoup d'autres, de suivre l'ennemi ; sa femme, avec ses deux petits enfants, avait été dépouillée et ne possédait plus qu'un matelas, une paillasse et quelques chaises.

Je lui remis un assignat de 5 francs pour nous donner du vin, de l'eau-de-vie et du café, pendant que nos hommes se procuraient de la viande et du pain comme ils pouvaient.

Nous arrangeâmes, avec de la paille et des toiles d'emballage, une couche sur le plancher, nos sacs nous servaient d'oreillers et nos capotes de couvertures ; depuis quatre nuits, nous n'avions pas couché dans un aussi bon lit, ni fait un aussi bon repas.

A six heures du matin, on frappa à la porte ; la femme, qui s'était couchée tout habillée, se leva et ouvrit ; c'était son mari qui, ainsi que d'autres habitants, s'était échappé près de Spire, et dirigé vers Neustat, lors de la déroute de l'ennemi.

Après le déjeuner en famille, dont on nous remercia beaucoup, nous continuâmes notre route.

Prévoyant à Haguenau les mêmes embarras qu'à Wissembourg, nous poussâmes jusqu'à Scheffelsheim, où, moyennant un assignat de 5 francs et nos bons de rations, on nous servit un bon souper.

A Strasbourg, nous fûmes logés, par quatre billets, dans une même maison, en face de l'Arbre-Vert, près de la Pfallz ; il y avait quatre lits dans une même chambre, outre un lit d'officier ; j'occupais seul la chambre d'officier, et remis à une des hôtesses, des bons de rations, plus un assignat de 5 francs pour notre souper.

Le général commandant nous envoya chez le commissaire des guerres, pour être payés de l'arriéré, et nous mit en subsistance au dépôt du 6ᵉ bataillon du Bas-Rhin.

Le citoyen Charenton, capitaine au 2ᵉ bataillon du Cher, que j'avais connu à Wissembourg, é reste trasbourg, où il travaillait chez commi ordonnateur (1).

(1)   en Cl arenton, curé à Colombey (Cher), au commence eut la Révolution, était parti en 1791,

Il me remit, sans que je l'eusse demandé, un congé illimité pour convalescence, signé par le général Dietsch, comme ayant été blessé devant Landau, en attendant la rentrée de mon bataillon des prisons de Hongrie.

Nous fîmes un dîner d'adieu, auquel j'invitai le capitaine Charenton.

Après avoir fait immatriculer mes cinq hommes au quartier Finckmat, je me mis en route pour Schelestadt ; mon sac était pesant, il renfermait le double d'effets d'habillement dont nous avions fait provision à Niderbronn ; je le mis à l'auberge où s'arrêtait la voiture de nuit.

Le lendemain, près de Fegersheim, je rencontrai sur la route un officier de chasseurs qui, blessé au bras, attendait un aide pour remonter à cheval ; c'était Rapp que je connaissais depuis longtemps (1).

à la tête de tous les jeunes gens de sa paroisse, au nombre de 60 ; il a fait, en qualité de capitaine, les campagnes de 1792 et 1793. Séparé comme moi de son bataillon lors de la prise des lignes, il est resté à Strasbourg, où il travaillait chez le commissaire ordonnateur ; en l'an IV (1795), il est retourné dans sa paroisse et a repris ses anciennes fonctions qu'il exerçait encore en 1830.

Le fort de Bitche, bloqué par les Prussiens, fut sauvé par la présence d'esprit d'un factionnaire de ce même bataillon du Cher, qui ayant entendu les ennemis monter l'escalier en limaçon, qui conduit du fossé extérieur sur le rempart, jeta les obus et les boulets dans l'escalier tournant, et força ainsi les ennemis à une retraite précipitée.

(1) Le citoyen Rapp, devenu depuis la bataille de Marengo, aide-de-camp du 1er Consul, avait été blessé devant Landau, et se rendait en convalescence à Colmar ;

Après un court entretien, je voulais l'aider à remonter à cheval ; il m'engagea au contraire à prendre sa place jusqu'à Benfeld, ce qui me permit de faire deux étapes sans me fatiguer.

Madame Leblanc, femme de mon capitaine, logeait chez ma mère ; en m'apercevant, elle demanda des nouvelles de son mari. — *Il est prisonnier de guerre en Hongrie.* La pauvre femme tomba en faiblesse ; depuis près de trois mois, elle n'avait pas reçu de ses nouvelles, ni aucuns secours pour son entretien et celui de sa petite fille ; sa position était digne de pitié.

Je l'accompagnai, le lendemain, chez le commandant de place et à la municipalité ; sur mon attestation que le fort Vauban avait capitulé en novembre, on remit à madame Leblanc une feuille de route avec indemnité, voiture et logement jusqu'à Mâcon (Saône-et Loire) ; elle partit, munie de quelques livres en assignats que lui donnèrent les officiers de la garnison.

Je repris ma place au bureau de la régie, que j'avais quitté dix-huit mois auparavant.

Quatre jours après mon retour, on vint m'inviter, vers cinq heures du soir, à passer à la municipalité ; croyant qu'il s'agissait de ma permission, je me munis de mes papiers, que j'avais déjà fait voir aux autorités compétentes.

Dans la salle se trouvait, parmi les officiers municipaux, un militaire assez mal vêtu.

---

réformé pour cette blessure, il rentra au service à la fin de l'an IV (1796), comme officier d'ordonnance du général Dessaix, pendant le siége de Kehl, et fit la campagne d'Egypte, etc., etc.

Le citoyen Lambla, maire, venant à moi, me dit : — *S..., connais-tu cet officier ?*

— C'est le citoyen Leblanc, fait prisonnier de guerre au fort Vauban.

C'était en effet mon capitaine, que je croyais prisonnier en Hongrie, et que je ne fus pas peu surpris de revoir.

— Ma femme, où est-elle ? me demanda-t-il aussitôt qu'il me reconnut.

Je lui appris alors comment je l'avais fait partir pour Mâcon quatre jours auparavant.

Au bureau de la municipalité, on me fit question sur question pour s'assurer si le citoyen Leblanc était véritablement capitaine au 3ᵉ bataillon de Saône-et-Loire, autrefois en garnison au fort Vauban. On ignorait encore, ou l'on tenait cachée la reddition de cette place.

Le citoyen Lafond, commissaire des guerres, et le commandant de place, furent appelés pour s'assurer si mon témoignage concordait avec ce que j'avais dit du fort Vauban, lors de mon arrivée.

Le capitaine était parvenu à rentrer en France, grâce à un petit stratagème qui lui réussit à merveille. Il était tailleur de profession ; comme il avait travaillé en Allemagne avant la révolution, il parlait un peu allemand. A son passage dans une petite ville du pays de Baden, il fut logé chez un tailleur d'habits et se mit à l'ouvrage ; son patron consentit à mettre d'autres boutons à son habit et lui donna un chapeau en échange de son casque. Au moyen de ce travestissement et du patois tudesque qu'il parlait assez facilement, le capitaine parvint à gagner Bâle et Huningue. Le général commandant cette dernière place, lui fit délivrer une feuille de route, avec indemnité et logement jusqu'à Schelestadt, domicile de sa famille.

A Colmar, le capitaine fut logé chez un homme de loi. Comme il était grand parleur, il raconta la capitulation du fort Vauban, son départ pour la Hongrie, et enfin sa fuite en route.

Il fut pris pour un espion.

Vers le soir, on le manda à la municipalité. N'ayant d'autres papiers que sa feuille de route, ni d'autres témoignages que ses propres paroles, il fut mis au secret jusqu'à plus amples informations.

Comme il avait annoncé que sa femme résidait à Schelestadt, la municipalité arrêta que l'espion serait conduit en cette dernière ville, accompagné d'un commissaire chargé de prendre des informations. Un gendarme, un caporal et quatre hommes, suivis du commissaire, en calèche, amenèrent le capitaine à pied, à Schelestadt.

Il fit arrêter le convoi devant la maison de ma mère, où il comptait trouver sa femme. Accompagné du caporal, il monta lestement l'escalier ; hélas ! sa femme était partie depuis quatre jours. Le capitaine fut conduit en prison.

Malgré mes témoignages, ceux de mon frère et de ma sœur, le commissaire doutait encore de l'identité du capitaine ; il fit venir le commissaire des guerres et lui demanda s'il n'existait pas dans le district un militaire quelconque du bataillon de Saône-et-Loire.

— Il y a le citoyen Blondin, quartier-maître, qui loge chez les citoyennes Grœff, à Chatenois.

— S...., va le chercher.

Il était huit heures du soir, les portes de la

ville étaient fermées ; ma démarche fut remise au lendemain.

Le citoyen Leblanc passa la nuit en prison ; il nous fut permis de lui tenir compagnie jusqu'à dix heures.

J'appris, à mon grand regret, avec les détails du bombardement du fort, que ma malle et les effets y contenus, laissés au quartier, lors de mon départ pour Strasbourg, avaient été détruits par le feu de l'ennemi, comme toutes les autres propriétés publiques et privées. Entre autres papiers intéressants, j'ai perdu un diplôme reçu à Jérusalem en 1788.

Je partis le lendemain pour Chatenois. Le citoyen Blondin fut enchanté de me voir : je lui racontai la mésaventure de mon capitaine.

— Ce diable de Leblanc n'est pas sot, me disait-il, il a toujours su se tirer d'affaire ; je vole à son secours.

Il monta à cheval, et je m'en retournai à pied. Je retrouvai les deux officiers vidant une topette de liqueur au corps-de-garde de la prison.

A dix heures, le citoyen commissaire de Colmar, après avoir entendu les dépositions du quartier-maître, accorda au citoyen Leblanc la liberté et lui rendit sa feuille de route.

Le capitaine partit enfin à midi, muni de quelques assignats que lui donnèrent les officiers de la garnison.

Il n'est plus rentré au service ; sous la restauration, il fut nommé commandant de la garde nationale de Mâcon (*).

(*) En l'an VII (1799), je fus rappelé au service dans mon ancien grade, puis congédié à Brisac, après la

II.

Au mois de germinal an II, je fus nommé au bureau d'Obernai. A mon arrivée dans cette commune, j'eus bien de la peine à trouver à dîner ; le maximum subsistait, le pain manquait, par suite d'une mauvaise récolte et de l'invasion récente des ennemis dans le Bas-Rhin.

Dans toutes les auberges où je m'adressais, on me fit cette question : — As-tu du pain ? — Non.—Tu ne pourras avoir à dîner que lorsque tu apporteras du pain.

Après avoir parcouru toute la commune, je me souvins d'avoir logé, il y avait dix ans, avec feu mon père, à l'auberge *au Pied-de-Bœuf ;* après l'avoir cherchée assez longtemps, je finis par la trouver. On me fit la même question : — As-tu du pain ? Après avoir décliné mon nom, j'obtins à dîner ; j'y pris ma pension et mon logement.

La commune d'Obernai était mal famée sous le rapport de l'esprit public. Le juge de paix venait d'être guillotiné pour avoir, en 1792, répandu le manifeste de *Brunswick ;* son frère était condamné à un emprisonnement perpé-

---

bataille de Stockach ; jusqu'à ce jour je n'ai rencontré qu'un seul de mes camarades ; Biechelé, commis-greffier à la cour impériale de Colmar, qui après la capitulation de fort Vauban, s'était échappé de la colonne des prisonniers à l'instar du capitaine Leblanc, et réfugié en Suisse par Constance.

tuel pour propos contre-révolutionnaires; plusieurs habitants notables se trouvaient en prison ou en fuite. Un faux représentant du peuple était venu imposer une contribution forcée; arrêté et conduit à Paris, il fut traduit au tribunal révolutionnaire et condamné à mort. Puis les habitants avaient été tourmentés par un hongrois nommé Horiac, qui jetait la terreur dans tous les esprits.

Les officiers municipaux provisoires me firent part de la fâcheuse position où se trouvaient les habitants de cette cité, *jadis libre et impériale;* la population en masse, si paisible autrefois, était réputée pour aristocrate, contre-révolutionnaire et fanatique. Une famille, entre autres de cette commune, était notée comme la plus suspecte du district; le père était en fuite; la mère, sous le poids d'un mandat d'arrêt, s'était soustraite jusqu'alors à toutes les recherches; *Marie*, la fille aînée, avait été arrêtée comme suspecte et pour avoir facilité la fuite de sa mère; les quatre plus jeunes enfants étaient abandonnés à eux-mêmes dans leur maison, le fils aîné, officier suisse licencié, était en émigration. On me prévint que la moindre relation avec un individu de cette famile pourrait me compromettre, et on me donna le conseil de n'en fréquenter aucun.

Trois mois après, je reçus la visite d'un ami, jeune avocat, le citoyen Albert, juge au tribunal de Schelestadt, remplissant temporairement les fonctions d'accusateur public à Strasbourg. Il était chargé de procéder à une information contre le maire de Molkirch, dénoncé par une grande partie des habitants; il me choisit pour greffier de la commission.

Mon hôtesse était malade ; on nous servit un mauvais souper.

Le citoyen Albert, quoique sobre et frugal, parut mécontent de la réception.

Jungfer Francisque, vieille demoiselle, tante de l'hôtesse, naturellement curieuse, vint dans la salle à manger, pendant le souper.

Mon convive parlait beaucoup de la mauvaise réputation des habitants, notamment de la famille *Lander,* dont la femme n'avait pu être arrêtée jusqu'alors, par la faute de la gendarmerie ; en attendant, disait-il, la fille aînée est sous les verroux. J'ignorais jusqu'alors que mes hôtes fussent intimement liés avec la famille *Lander,* qui demeurait dans le voisinage.

Mlle *Francisque* crut d'abord que le citoyen Albert était venu faire des recherches sur madame Lander ; elle lui fit plusieurs questions pour s'en assurer ; Albert, prudent et réservé, ne répondit pas.

Le lendemain matin, nous nous rendîmes à Molkirch, à trois lieues de ma commune ; nous nous installâmes dans la salle d'école.

Les habitants étaient divisés en deux partis ennemis. Pendant la déposition du premier témoin, le commissaire s'aperçut que quelqu'un était couché sur le plancher de l'appartement du 1er étage, pour écouter les dires des témoins, à travers une ouverture pratiquée dans le plafond ; il monta lestement et surprit dans cette position le maire inculpé. Celui-ci fut livré à la gendarmerie, par ordre du tribunal, lorsque l'enquête fut terminée.

Nous nous installâmes alors à l'église ; le pupitre du chantre me servit de bureau.

Pour éviter tout soupçon de partialité, nous fîmes tous les soirs deux lieues pour aller souper et coucher à Niderottrot.

Le troisième jour, notre opération étant terminée, j'engageai le citoyen Albert à retourner chez moi à Obernai, lui promettant une meilleure réception qu'à son arrivée; il refusa en disant qu'il ne retournerait pas de sitôt dans cette commune mal famée ; qu'à l'exception de deux ou trois bons citoyens, tous les habitants avaient la réputation d'aristocrates, et que mes hôtes notamment étaient de cette opinion.

A Niderottrot, il prit le chemin de Barr, où il espérait rencontrer de meilleurs citoyens; nous nous souhaitâmes réciproquement un bon voyage.

Oberlé, un de mes anciens condisciples, que je revis à Niderottrot, et chez qui je logeai quelquefois, se trouvait très-désappointé du départ précipité du citoyen Albert ; il le connaissait pour un homme probe, juste et intègre; quoique d'une opinion opposée, il n'estimait pas moins ce bon patriote, républicain par excellence.

Depuis notre passage à Ottrot, il s'était proposé de revenir avec nous à Obernai, dans l'intention d'entretenir le citoyen Albert de la famille Lander, qu'il connaissait, et l'engager à s'intéresser en faveur de la jeune fille, *Riri*, détenue arbitrairement depuis neuf mois ; il espérait qu'à ma recommandation, le citoyen Albert ferait quelques démarches. Il vint souper chez moi dans l'intention de m'entretenir plus amplement de cette famille malheureuse.

Jungfer Francisque fut bien mécontente auss' en me voyant de retour sans M. Albert. Elle regrettait que mon ami m'eût quitté; elle aurait désiré faire connaissance avec lui, et lui parler de la famille dont il avait été question la première fois.

Elle aurait voulu avoir de plus amples explications sur ce qu'il avait dit relativement à la famille *Lander*, et elle comptait obtenir, par l'intermédiaire de mon ami, un adoucissement au sort de ces honnêtes gens, et notamment pour *Riri*. Oberlé joignit ses regrets à ceux de Mlle Francisque. Ce nom de *Riri*, que j'entendais prononcer pour la première fois, et les motifs de son malheureux sort excitèrent ma sympathie.

Je savais que madame Lander était en fuite, suspecte de conspiration; mais j'appris alors qu'un soir de l'hiver précédent, à onze heures, la maison avait été cernée par la gendarmerie et la troupe de ligne, et que pour ne pas laisser aux habitants le temps de fuir, on avait enfoncé les portes.

Au bruit causé par cette visite, *Riri*, âgée de 17 ans, sortit de son lit, à peine vêtue, et se jeta dans la chambre de sa mère; après avoir enfermé celle-ci dans une armoire, elle se revêtit de son manteau à capuchon et se présenta à la force armée qui venait s'emparer de sa mère.

L'officier de gendarmerie, trompé par ce travestissement, saisit au corps la jeune fille; on la traîna dans la rue, sans qu'elle fît entendre la moindre plainte; on la garrotta sur une botte de paille; sous l'escorte de quatre gendarmes, elle fut conduite à Strasbourg pendant la nuit.

A son arrivée à la prison, *Riri* fut introduite à la geôle. Le concierge se mit en devoir de prendre son signalement, il voulut lever son capuchon ; elle résista longtemps. Le concierge fit remarquer que la prisonnière n'était pas la femme *Lander* signalée au mandat d'arrêt, mais bien une jeune personne ; qu'il ne pouvait retenir celle-ci à la place d'une autre.

Le brigadier de gendarmerie reconnut effectivement qu'on s'était trompé. Il fit conduire Riri chez le capitaine commandant. On lui fit traverser les rues d'une extrémité de la ville à l'autre, sans chaussure, par la neige, entre deux gendarmes à cheval et les insultes de la populace ; le commandant ne voulant pas pren-dre sur lui une affaire aussi grave, en déféra au directoire du département.

L'officier de gendarmerie, les commissaires et municipaux qui avaient opéré cette arresta-tion, furent blâmés pour ne s'être pas assurés de l'identité de la personne capturée ; mais comme toute la famille était suspecte, on ne voulut pas donner la clef des champs à cette fille qui avait si adroitement facilité la fuite de sa mère.

Il fut décidé qu'en attendant l'arrestation de la femme Lander, la fille, sa complice, resterait détenue. *Riri* fut donc conduite au séminaire, où se trouvaient enfermés les ci-devant nobles, les parents d'émigrés, les prêtres réfractaires, royalistes, et autres gens suspects.

Sous le rapport des opinions politiques, *Riri* se trouvait en bonne compagnie ; en effet, les vexations qu'elle éprouvait n'étaient point de nature à lui faire aimer le système d'alors : la révolution avait fait perdre à son père la place qu'il occupait, sa mère avait été obligée de fuir, sa petite sœur et ses trois jeunes frères étaient restés abandonnés à eux-mêmes dans la maison de leurs parents, où les scellés avaient été posés.

Riri, mise en prison, y resta pendant neuf mois, sans avoir reçu aucune visite des habitants de la commune ; de crainte de se compromettre, personne n'était venu la consoler ou lui donner quelques conseils ; personne n'avait osé faire aucune démarche en sa faveur.

Le récit des malheurs de cette jeune fille m'attendrit ; je pensais qu'un pareil dévouement méritait un meilleur sort : je pris, le soir même, la résolution de faire des démarches près du citoyen Albert ; cependant je crus prudent de n'en parler à personne.

A une petite distance de ma commune, résidait un ancien membre du directoire de district, réputé par sa loyauté, sa prudence, sa probité ; retiré des affaires publiques pendant la terreur, il s'était fait nommer notaire.

Je me rendis chez lui le lendemain, en reconduisant Oberlé jusqu'à moitié chemin. Il m'encouragea dans mon projet ; il avait beaucoup d'estime pour Albert et comptait sur l'heureux résultat des démarches que voudrait faire ce brave et honnête citoyen. Il me fit pourtant une observation : — Une lettre, me dit-il, dans les circontances actuelles, pourrait compromettre ; elle pourrait être égarée et tomber en de mauvaises mains ; tu ferais bien d'aller trouver Albert à Strasbourg.

Pendant la nuit, je songeais au parti à prendre pour venir en aide à cette intéressante *Riri.*

Junfer Francisque avait deviné le sujet de ma préoccupation par les questions que je lui faisais ; ses conseils et ses exhortations aidèrent puissamment à l'exécution de mon projet.

Le lendemain, à quatre heures, je me mis en route pour Strasbourg, ayant un morceau de pain dans ma poche, de crainte de ne pas en trouver en ville ; cette précaution était indispensable : les officiers eux-mêmes, qui allaient déjeûner au café, avaient un pain de munition sous le bras.

Albert était à l'audience ; il me fit inviter à dîner par l'huissier de service.

On jugeait une affaire de viol. Le président fit observer aux nombreux auditeurs qui encombraient la salle, que la loi voulait que les débats fussent publics ; mais qu'à raison du scandale qui pourrait résulter d'une pareille affaire, il engageait, dans l'intérêt de la morale, les personnes honnêtes, notamment le beau sexe, à se retirer. Les hommes, en petit nombre, sortirent, les femmes et filles, en très-grand nombre, restèrent.

Au dîner, je saisis l'occasion pour faire remarquer ce que la détention de la fille Lander avait d'odieux ;

« Que si la mère était coupable, la fille ne devrait pas être punie à sa place ; que dans une république où l'on élève des autels à la liberté, le domicile et les personnes devraient être respectés ; que loin d'avoir mérité le moindre blâme, cette jeune personne, que je ne connaissais que de réputation, me paraissait digne d'éloges ; que chez les Romains sa piété filiale aurait obtenu une couronne civique ; que les droits de l'homme et la constitution de 1791 avaient consacré le principe que les enfants ne sont pas responsables des fautes de leurs parents ; punir un enfant pour avoir facilité la fuite de sa mère me paraissait un acte despotique indigne de la part d'un peuple libre ; qu'en Russie, en Turquie on aurait de la peine à en trouver des exemples ; la Bastille a été détruite par le peuple en 1789, disais-je, vous en avez rétabli par centaines sur tout le sol de la France ! »

Albert, tout en approuvant mes raisons, me fit observer que la Constitution était suspendue depuis que la conduite des puissances étrangères, des Vendéens et des contre-révolutionnaires de toutes les nuances, avait forcé le gouvernement à employer des moyens de rigueur envers les ennemis de la République. Il ajouta que cette affaire ne regardait plus le tribunal, le dossier ayant été renvoyé au directoire du département.

— Cela étant, lui repondis-je, il vous appartient d'écrire au directoire, pour réclamer justice en faveur de qui de droit.

Après quelques moments de réflexion, il me dit de lui écrire, promettant de faire son possible pour cette jeune fille, dont le sort l'intéressait.

En me reconduisant jusqu'à l'auberge où s'arrêtait le commissionnaire, il me réitéra à plusieurs reprises l'invitation de lui écrire, et s'engagea à faire les démarches nécessaires pour sauver ma protégée.

A mon retour, on fut fort surpris de ma longue absence ; je ne fis part à personne des motifs de mon voyage.

Le lendemain, j'écrivis au citoyen Albert ; aux considérations exposées de vive voix, j'en ajoutai d'autres, motivées principalement sur l'effet que produirait près des habitants l'acte de justice que je réclamais.

Trois jours après, nous venions de souper,

lorsque deux demoiselles et trois jeunes gens entrèrent dans la salle. A cette vue, toutes les personnes présentes crièrent à la fois :

— *Riri*, *Riri*, vous voilà, êtes-vous libre ? depuis quand ? comment ? quel bonheur !

Celle qui paraissait être l'objet de l'attention générale, marchait lentement, tenant une lettre à la main. Sans faire attention à personne, elle demanda :

— Monsieur Schott ?

— Le voilà, dirent plusieurs voix à la fois.

— Ce n'est pas Monsieur que je demande, mais M. Schott, receveur de la régie.

Le voilà en haut de la table, lui dit-on en me désignant.

Riri, qui s'était rapprochée de moi pas à pas, me dit :

— Monsieur, je vous demande pardon, je n'avais pas l'honneur de vous connaître. Voici une lettre que M. Albert, de Strasbourg, m'a chargée de vous remettre.

Puis elle ajouta :

— C'est donc à vous, Monsieur, que je dois le bonheur d'avoir recouvré la liberté, après neuf mois de détention. Vous avez eu la bonté de vous intéresser à moi, sans que j'aie l'honneur d'être connue de vous. Vous avez été exprès à Strasbourg pour faire des démarches en ma faveur. Vous avez écrit à votre ami, qui a généreusement plaidé ma cause et a obtenu plein succès. Il a eu l'extrême bonté de venir lui-même à la prison m'annoncer ma mise en liberté. Ce matin, le jour de ma fête, vers onze heures, je me trouvais dans la salle commune ; mes compagnes d'infortune venaient de m'offrir ce bouquet, lorsque le concierge vint appeler *Marie Lander*. Je crus que c'était une amie qui m'attendait à la grille, pour me souhaiter la fête. En descendant l'escalier, le concierge me dit :

— C'est le citoyen Albert, accusateur public, qui désire te parler... Je frémis d'effroi : je crus que c'était pour me conduire à l'échafaud. Mon Dieu ! mourir le jour de ma fête, à l'anniversaire de ma naissance ! Mais je repris courage et me résignai : je m'étais confessée hier. Arrivée près du guichet, M. Albert me dit :

— Marie Lander, je viens te prier de remettre une lettre au citoyen Schott, receveur à Obernai.

— Il n'y a pas de Schott à Obernai, le receveur s'appelle Doss, et non Schott. — Doss est en prison, Schott le remplace. — Je ne connais pas cet ostrogoth là.

— Tu feras connaissance avec lui, en lui remettant cette lettre.

— Vous n'ignorez pas, Monsieur, que nous ne pouvons entretenir de correspondance avec personne ; les lettres que nous écrivons à nos parents sont ouvertes par le comité de surveillance, commentées, jetées au feu, selon le bon plaisir de ces messieurs ; celles qui nous sont adressées, sont décachetées également, et remises seulement lorsque le comité le juge à propos. Veuillez donc, Monsieur, faire votre commission vous-même. Je croyais qu'on me tendait un piége.

— La lettre est cachetée du sceau du tribunal et de celui du département, tu n'as rien à craindre. Tu voudras bien la remettre ce soir au citoyen Schott.

— Comment donc ?

— Voici ta mise en liberté.

— Serait-il vrai ?

« Je pris lecture de la délibération. En tête:
Liberté ; je dis ! Oui, sous les verroux ; *Éga-
lité ;* oui, avec les galériens ; *Fraternité* non pas
envers nous autres ; *ou la Mort ;* cela est plus
positif; « Votre déesse de la liberté ressemble
à une vieille guenon qui s'apprête à plumer
le coq gaulois ! »

Je lus et relus pour une seconde fois, puis la
fis voir au concierge, qui la trouva régulière,
sauf le visa du comité de surveillance.

Le citoyen Albert se chargea de cette forma-
lité, demanda le registre de la geôle, décroua
Marie Lander en disant au geôlier de me laisser
sortir de la prison à l'instant même.

Revenue de ma frayeur, je remerciai M. Albert un peu plus poliment que je ne l'avais reçu
quelques minutes auparavant.

M. Albert m'interrompit, en disant que ce
n'était pas à lui que je devais adresser mes re-
mercîments, mais au citoyen Schott, qui était
venu exprès en ville, et lui avait écrit pour le
prier de s'intéresser en ma faveur.

« Je suis heureux, ajoutait M. Albert, d'avoir
» rendu service à une citoyenne aussi aimable,
» d'autant plus que je présume, d'après ce que
» je vois, en montrant mon bouquet, que
» c'est aujourd'hui ta fête ; tu salueras de ma
» part le citoyen Schott, et le prieras de me
» donner de ses nouvelles. »

—Je remontais les marches de l'escalier en
toute hâte et criant : — *Je suis libre ! j'ai ma
liberté !*

Mes compagnes crurent que j'avais la tête
égarée. Le geôlier vint les rassurer sur mon
compte.

Deux guichetiers se chargèrent de porter mes effets chez le commissionnaire, qui fut également surpris de me voir libre.

Enfin, me voici arrivée, et je viens m'acquitter de ma commission ; avec d'autant plus d'empressement que cela me procure l'avantage de faire la connaissance d'un aussi digne homme. »

Riri se tenait debout devant moi ; elle était vêtue d'une robe blanche, avec une ceinture bleu de ciel ; un petit bonnet de dentelles en forme de couronne était posé sur ses cheveux frisés et bouclés, un Christ en argent pendait sur sa poitrine à un collier ; elle tenait encore son bouquet.

Sa figure était charmante, noble, agréable, sa taille élégante, son sourire gracieux, son teint frais comme une rose.

Riri avait reçu une bonne éducation au pensionnat des chanoinesses de Saint-Etienne, et s'était formée aux bonnes manières, pendant sa réclusion, parmi les anciennes nobles.

Ravi en extase, j'admirais cette jeune personne, que je voyais pour la première fois ; j'écoutais encore, lorsqu'elle eut cessé de parler.

Mlle *Francisque* lui dit : Eh bien, *Riri*, puisque M. Schott a fait des démarches pour vous, embrassez-le donc ! ce qu'elle fit avec empressement.

Jusqu'alors *Riri* s'était tenue debout, devant moi, et n'avait répondu à aucune des questions dont on l'accablait. Elle vint s'asseoir à côté de moi, pour continuer le récit de ses malheurs. Sa conversation était agréable, spirituelle et gracieuse.

Nous causâmes ainsi jusqu'à dix heures.

Aux chuchotements des personnes présentes, je devinais qu'il s'agissait de la famille Lander.

Lorsque les jeunes gens se furent retirés, vinrent les félicitations de Mlle Francisque; j'eus raison de me glorifier d'avoir réussi dans une démarche, à l'insu des personnes qui m'en avaient inspiré l'idée.

La bonne nuit que j'ai passée ! pendant toute ma vie, je n'en ai pas eu de meilleure ; je me félicitais de ma bonne action. Je venais de voir *Riri* pour la première fois ; toute la nuit son image fut présente à ma mémoire ; j'en étais enchanté ; je remerciais le ciel de m'avoir inspiré.

A cinq heures du matin, je me promenais sous les fenêtres de ces demoiselles, ayant à la bouche ma pipe turque, que m'avait remise, en 1788, un capichi-pacha, à Jérusalem.

La sœur de *Riri*, Joséphine, m'aperçut et appela *Riri*. Elles me saluèrent toutes deux et me réitérèrent leurs remerciements. *Riri* me fit voir le bouquet de la veille, qu'elle promit de conserver toute sa vie, comme souvenir.

Mes affaires m'appelaient à la commune.

On me dit force plaisanteries. — A peine arrivé, disait l'un, un saute-ruisseau comme moi, s'occupait déjà des demoiselles ; sorti depuis peu du collège, s'écriait l'autre, j'avais déterré la plus belle, cachée en prison. Il y a donc longtemps que tu la connais, dit un troisième, ce n'est pas pour rien que tu es allé à Strasbourg; etc., etc.

On finit cependant par me féliciter. Nul autre de la commune n'aurait osé entreprendre ce que je venais d'exécuter avec tant de succès, il fallait pour cela un étranger, protégé par les fonctionnaires du chef-lieu. On rendait aussi justice à *Riri*, pour son dévouement.

A mon retour au bureau, je rencontrai *Riri* qui sortait de l'appartement de Jungfer Francisque.

Mêmes remerciements, mêmes protestations de reconnaissance que la veille ; je l'engageai à monter chez moi, elle hésitait. Mlle Francisque, voyant son embarras, offrit de l'accompagner, ce qu'elle accepta avec empressement. Je demandai à *Riri* la permission de lui faire une visite ; elle rougit.

— Nous sommes seuls à la maison, sans père ni mère ; nous n'avons pour nous cinq que deux chambres à notre disposition, toutes les autres sont fermées et scellées, nous ne pouvons recevoir de visites.

Jungfer Francisque offrit de nouveau de m'accompagner, ce qui fut accepté.

A une heure, *Riri*, Joséphine et leurs trois frères, nous reçurent dans une chambre à coucher encombrée.

Je demandais à *Riri* ce que faisaient ces jeunes gens.

— Rien, ils s'ennuient, s'ils pouvaient vous être de quelque utilité, ils s'instruiraient dans votre bureau ; vous nous obligeriez beaucoup, si vous vouliez les employer. Cet après-midi, nous irons, ma sœur et moi, faire quelques visites ; vers quatre heures, nous vous les amènerons.

Tous les cinq furent exacts au rendez-vous.

Riri prit place à côté de moi, Joséphine et Francisque à côté des jeunes gens, auxquels j'avais préparé de l'ouvrage. Exclusivement préoccupé de *Riri*, je ne travaillais pas. Après le souper, comme j'étais dans mon bureau pour réparer le temps perdu par mes absences, elle offrit de m'aider dans le cas où son travail me serait agréable.

J'acceptai avec grand plaisir:

Elle mit la condition qu'elle ne viendrait jamais seule, mais accompagnée par sa sœur ou une de ses amies.

Le lendemain matin, *Riri*, ses frères et une demoiselle voisine, amie de *Riri*, étaient à la porte du bureau.

Elle reprit sa place de la veille. Depuis ce moment, elle ne me quittait que pour aller prendre ses repas et se coucher.

Les premières lettres que je lui fis copier, donnèrent lieu à des plaisanteries de sa part sur le style républicain alors en usage.

— Les guichetiers, à Strasbourg, n'étaient pas plus polis envers nous ; ils nous tutoyaient comme des chiens, disait-elle.

Elle paraissait heureuse de me rendre service, et à vrai dire, elle ne m'avançait pas beaucoup, car ne m'occupant que d'elle, je ne songeais pas à l'ouvrage arriéré de mon bureau.

A table, Mlle Francisque fit tomber la conversation sur la famille Lander.

— Puisque M. Albert, dit-elle, est si honnête, si complaisant, il pourrait bien obtenir la levée des scellés et du séquestre, et la cessation des poursuites contre cette malheureuse famille.

Riri me fit part de son projet d'aller voir M. Albert pour le remercier, et le prier en même temps de s'intéresser en faveur de ses parents.

Elle m'engagea à l'accompagner, persuadée, disait-elle, que ma recommandation lui serait favorable.

Mon travail était arriéré : *Riri* et ses frères offrirent de travailler jour et nuit, pour me mettre au courant.

Le voyage fut donc fixé au surlendemain, à la grande satisfaction de *Riri*.

Le matin, quand la voiture fut prête, je lui fis prendre place et me disposais à m'asseoir à côté d'elle.

— Excusez, Monsieur, dit-elle, vous savez ce dont nous sommes convenus.

Elle s'aperçut de mon embarras et sourit.

— Vous ne vous placerez pas à côté de moi, mais bien Mlle Victoire.

Je lui fis observer qu'il serait peu poli de ma part de me placer dans un coin et de laisser la place du milieu à une demoiselle; j'insistais, et *Riri* refusa obstinément de me laisser entrer dans la voiture ; Monsieur, me dit-elle, je n'oublierai jamais que je vous dois de la reconnaissance ; mais je n'oublierai pas non plus la règle de ma conduite envers vous que je me suis tracée ; j'aurais bien du plaisir à vous accompagner aujourd'hui, principalement pour m'acquitter du devoir, doux à mon cœur, de remercier votre ami, mon protecteur ; mais si vous insistiez davantage, il me serait pénible d'être forcée de vous laisser partir seul. Les convenances ne permettent pas que vous soyez assis à côté de moi ; soyez juge. Votre action à notre égard, qui n'avions pas l'honneur d'être connues de vous, toute généreuse et désintéressée, pourrait être mal interprétée ; évitons de donner lieu à des propos, etc., etc.

Il fallut me résigner. La voiture était un peu étroite pour trois personnes, je n'avais compté que sur deux. Pour parler à *Riri*, j'étais forcé d'avancer la tête, ce qui la faisait rire de temps en temps.

— Monsieur Louis, me dit-elle pendant le voyage, j'espère qu'à l'avenir il n'y aura plus d'altercation entre nous ; soyez mon mentor ; considérez-moi comme votre sœur ; je sais que vous êtes incapable d'une conduite inconvenante, la mienne sera à l'abri de tous reproches. Vous avez la réputation d'un jeune homme d'honneur, tâchons de la conserver ; vous avez un cœur noble et généreux, ma reconnaissance pour vos bons offices durera aussi longtemps que je vivrai ; si jamais vous vous trouviez en péril, j'exposerai ma vie pour vous sauver, je me jetterai dans les flammes, dans les flots pour vous secourir ; je serai toujours et dans toutes les circonstances votre ange gardien ; tous les jours, je prierai pour vous, comme je le fais pour mes parents. Conduisons-nous de manière à n'exciter aucun blâme. On vous félicite pour votre belle action ; pour ma part, je suis fière d'être redevable du bonheur de toute ma famille à un galant homme comme vous, je ne l'oublierai jamais, etc, etc.

Je conduisis ces demoiselles chez une de leurs amies, et me rendis au café, où, faute de pain, je me contentai d'un biscuit.

Le citoyen Albert était sorti pour aller au Palais-de-Justice. Son hôtesse, en me voyant accompagné de deux demoiselles, me demanda laquelle des deux venait de sortir de prison : car depuis trois jours, le citoyen Albert ne parlait que de cette jeune et intéressante personne et de l'ami qui lui avait fourni les moyens d'obtenir cet acte de justice.

Nous nous rendîmes au cabinet de l'accusateur public. En nous voyant entrer, le citoyen Albert se mit à rire :

— Schott, me dit-il, tu ne perds pas ton temps! on t'a lâché une jeune citoyenne, il n'y a que trois jours, en voilà déjà deux ; mais tu n'en rencontreras jamais d'aussi aimables que Marie Lander.

Riri rougit. Après l'avoir remercié avec beaucoup de grâces, elle lui parla de ses infortunés parents et de ses frères et sœur abandonnés, sans appui ni secours.

Albert parut prendre part à la triste position de cette famille.

— Trouvez-vous à midi, dit-il, à la cour du département ; j'en parlerai au procureur général.

Nous fûmes exacts au rendez-vous. Albert demanda avec son talent ordinaire, la levée du séquestre qui pesait sur les biens de la famille Lander; il fit valoir les moyens déjà présentés lors de la première délibération, et en ajouta de plus péremptoires, fondés sur la justice et l'intérêt de la République. Il fit si bien, que le procureur général fût d'avis de renvoyer l'affaire au district de Schélestadt, avec invitation de faire droit à toutes les réclamations dans le plus bref délai. Cette proposition fut acceptée.

Riri, après avoir remercié les membres du directoire, se retira et alla passer la nuit chez une de ses amies.

Le lendemain, elle se rendit avec moi chez le citoyen Albert, qui nous remit deux lettres, l'une de sa part pour Gotteken, l'administrateur du district, l'autre de la part du procureur pour l'agent national D. Stamm.

En nous quittant, Etienne Albert me recommanda de le tenir au courant de cette affaire.

J'avais laissé ma voiture à l'hôtel du Corbeau ; nous traversions la rue des Hallebardes ; je donnais le bras à *Riri* ; elle s'arrêta tout court devant la boutique d'un perruquier. » Que regardez-vous, mademoiselle ? *Voyez* » cette belle coiffure ! Laquelle ? ce jeune » homme ; oui, ce muscadin ? une pareille coif- » fure vous irait mieux que vos cheveux à la » Titus, qui vous font ressembler à un jaco- » bin. » Ces mots me suffirent, nous entrâmes ; je fis emplette de poudre, pommades, fers et épingles à friser, etc. ; puis sous les grandes arcades, je me pourvus de coutil pour un manteau à poudre, etc. Cependant je ne consentis à changer ma coiffure, qu'après notre retour de Schélestad, pour ne pas paraître au district, poudré et frisé comme une poupée.

Nous achetâmes aussi de la musique ; *Riri* s'en pourvut pour le piano. Elle avait grand soin de rejeter les airs républicains qui lui déplaisaient tous.

Riri ne passait pas devant un pauvre sans lui laisser une aumône ; lorsque sa monnaie était épuisée, elle entrait dans le magasin le plus proche, achetait un objet de peu de prix, pour avoir des sous.

Quelques minutes après, nous reprîmes la route d'Obernai.

Jungfer Francisque attendait notre retour avec impatience ; elle fut enchantée d'apprendre que nos efforts allaient être couronnés de succès.

Je fus obligé de travailler pendant trois jours et trois nuits pour mettre mes travaux au courant.

Comme notre voyage était décidé pour le lendemain, je me rendis chez le citoyen Langhaus pour le prier de me donner une lettre pour le citoyen Depinay, administrateur du district. *Riri*, ses frères, sa sœur, et leurs amis passèrent la soirée chez moi; ils s'amusèrent à jouer, chanter, danser, faire de la musique. Je continuai à travailler; à minuit seulement il me fut possible de m'occuper des préparatifs de mon voyage; il était trop tard pour aller se coucher; la voiture était commandée pour trois heures et demie. *Riri* avait fait porter ses habits de voyage chez *Jungfer Francisque*. Je m'étais aperçu pendant la soirée, que l'on préparait une surprise; j'ignorais pour qui, à quel sujet; je ne songeais pas au lendemain.

Vers trois heures, *Riri* entourée de toute la société, m'offrit à l'occasion de ma fête, à laquelle je ne pensais pas, un superbe bouquet, une blague à tabac en velours cramoisi, brodée en argent, un portefeuille en satin rose, brodé de même, des pantoufles brodées en soie, etc.

On nous servit le café; Mademoiselle V..., qui nous avait accompagnés à Strasbourg étant absente, j'espérais voyager, cette fois-ci, seul avec *Riri*, d'autant plus qu'il n'avait pas été question, jusqu'alors, d'une autre compagnie.

A ma grande surprise, *Riri* avait prié une de ses amies, qui venait de passer la soirée chez moi, de l'accompagner; nouvelles instances de ma part, sans succès.

Dans nos excursions, *Riri* donnait la préférence à une amie pour être accompagnée en place de sa sœur, laquelle prétendait *Riri*, plus jeune, n'inspirait pas en public autant de confiance qu'une non parente plus âgée.

A notre arrivée à Schélestadt, je fis déjeûner mes voyageuses une seconde fois, et me rendis chez les administrateurs, l'un ancien ami de mon père, l'autre mon ancien collaborateur, les troisième et quatrième pour lesquels j'avais des lettres de recommandation ; tous me promirent leur appui.

Le général Schaal, président, accueillit *Riri* fort poliment ; il connaissait de longue date la famille, et parut très-affligé au récit des vexations qu'avait endurées la jeune citoyenne.

En attendant l'arrivée des administrateurs, je fus voir le citoyen Daniel Stamm, agent national, pour lequel j'avais une lettre du procureur général ; il me reçut moins brusquement qu'à l'ordinaire ; peu de jours auparavant, il m'avait écrit : Dors-tu, ou crois-tu que ton travail n'est pas sujet à ma surveillance ?

Il venait d'examiner le dossier transmis par le directoire du département, et promit de me tenir compte, dans cette affaire à laquelle je m'intéressais, des services rendus à la République.

Le citoyen Herman fit le rapport dès l'ouverture de la séance ; aux considérations exposées, aux lettres des citoyens Albert, Depinay et Langhans, ainsi qu'aux délibérations du directoire du département, il en ajoutait une importante, à laquelle je n'avais pas songé : il s'appuya notamment sur ce que, dès mon arrivée à Obernai, j'avais fait la découverte de domaines nationaux, maisons, prairies, capitaux, etc., d'une grande valeur ; et le recouvrement de fermages arriérés depuis sept ans, négligés par mon prédécesseur. L'administration n'ignorait pas qu'un seul fermier avait versé 49,000 francs, au trésor pour canon arriéré d'une prairie de 1,200 jours, située aux portes de la ville, célée jusqu'alors au domaine.

Ces découvertes, prétendait le citoyen Herman, « sont dues, sans doute, aux relations » qu'avait le citoyen Schott, dès son arrivée « en cette commune, avec la famille Lander.

» Le père, ancien receveur du grand cha- « pitre, aura fourni les renseignements qui » vous furent transmis par ce jeune et zélé » fonctionnaire public, en prairial dernier ; » il y a lieu d'espérer que le citoyen Lander, » lorsqu'il aura recouvré la liberté, par recon- » naissance pour la justice que vous allez lui » rendre, autant que par devoir d'un bon ci- » toyen, nous mettra à même, par de nouveaux » renseignements, de faire jouir la République » d'autres propriétés encore célées aux agents » du domaine national. »

Tout le monde s'intéressa bientôt à cette jeune fille qui, pour sauver les jours de sa mère, avait exposé sa propre vie, aux risques de marcher à l'échafaud, alors en permanence sur la place publique. Aussi la délibération des administrateurs fut-elle très-courte.

Le citoyen Schaal, président, résumant les avis unanimes des administrateurs, fit un éloge pompeux de *Riri*, si dévouée, si vertueuse :

« Piété filiale ! noble dévouement, qui méri- » terait, dit-il, une récompense nationale. La

» plus belle couronne, que nous puissions don-
» ner à cette jeune citoyenne, est la liberté de
» ses parents, la levée du séquestre et des scel-
» lés. Il est de l'intérêt du gouvernement que
» nous ravivions l'esprit public dans une con-
» trée où les ennemis de la République ont
» laissé tant de mal ; la mesure qui nous est
» proposée produira un effet salutaire dans le
» voisinage d'une commune malheureusement
» renommée. Le règne de la loi et la justice ont
» remplacé l'arbitraire et la terreur ! Prouvons
» au pays notre sympathie pour le malheur ;
» oublions le passé ! espérons un meilleur ave-
» nir ! »

Nous obtinmes la levée des scellés, la cessation du séquestre et de toutes les poursuites
contre monsieur et madame Lander.

Riri pleurait de joie. Elle remercia les administrateurs, principalement le citoyen Herman, mon ancien confrère qui, par son rapport
bienveillant, venait de faire cesser l'arbitraire
qui depuis près d'une année, poursuivait cette
malheureuse et intéressante famille.

Depuis ce moment il n'y eut plus que quelques formalités à remplir. Les parents de *Riri*
purent rentrer dans leurs foyers.

Nous partîmes ; il tardait à *Riri* d'être de
retour de bonne heure, pour informer la famille
de l'heureux résultat de nos démarches ; la
voiture nous attendait hors de la porte ; *Riri*
était préoccupée de son bonheur, je pris place
à côté d'elle. Passe pour cette fois, dit-elle,
c'est le plus beau jour de ma vie, mais souve-
nez-vous de vos promesses.

Je fis observer au postillon qu'il nous menait
trop vite, il me répondit que je trouvais le

chemin moins long qu'ordinairement, sans doute, parce que j'étais assis entre deux demoiselles.

En approchant de la ville, *Riri* me dit : Maintenant M. Louis, veuillez reprendre votre place ; il ne convient pas que nous entrions en ville assis l'un à côté de l'autre.

Dès notre arrivée, je me rendis à la municipalité ; nouvelles plaisanteries de la part des officiers municipaux. « Ma place serait à l'ar-
» mée, me disait-on ; au lieu de faire la chasse
» aux Kaiserlicks , je ne m'occupais que des
» demoiselles, etc. etc. »

Deux officiers municipaux et le secrétaire vinrent à la maison Lander, munis des clefs et du procès-verbal d'apposition des scellés ; *Riri* était déjà occupée à arracher les scellés, ce qui déplut aux officiers municipaux.

« Vous auriez dû attendre notre arrivée , dirent ceux-ci. » — « *Riri*. Pourquoi cela ? Le
» district a donné main levée ; je n'avais pas
» besoin de vous pour arracher ces bandes de
» papier, que vous avez apposées sans avoir
» appelé personne ; vous m'avez laissé enlever
» pendant la nuit, garotter comme une crimi-
» nelle ; sans le secours de ce généreux jeune
» homme à qui nous étions inconnus, tout
» serait resté au même état, jusqu'à la mort
» des victimes de votre indifférence ; vous,
» anciens amis de la maison, m'avez laissé
» gémir en prison pendant neuf mois, sans
» vous inquiéter de notre infortune, etc. »

Après le souper, *Riri*, accompagnée de ses frères et sœur, vint me faire une visite, et dit, que de crainte de me faire du tort dans l'esprit de ces messieurs, elle ne leur avait pas dit *tout leur chapitre, mais que ce serait pour une autre occasion.*

A peine les parents de *Riri* furent-ils de retour, qu'ils vinrent me remercier avec leurs enfants de tout l'intérêt que je leur avais porté, et me prier de continuer à toute leur famille l'amitié dont j'avais donné des preuves non équivoques.

Riri aimait les bouquets, notamment les lis blancs, *symb. le de candeur et d'innocence ;* je fis apporter tous les jours, par les jardinières et gens de la campagne, des fleurs fraîches.

Toutes les après-dînées nous allions nous promener au jardin, tantôt sur les montagnes, au Klingenthal, à Sainte-Odile, à Bischenberg, etc. *Riri,* toujours accompagnée par sa sœur ou une autre amie, refusait tout autre bras que le mien.

Je fis venir des oignons de lis, narcisses, tazettes, jacinthes, etc., et les remis, à l'insu de *Riri,* au jardinier, en lui indiquant la manière de les placer.

Lorsque vers le soir nous arrivâmes au jardin, *Riri* étonnée de trouver sa rondelle favorite emplantée, voulut savoir quelles espèces de fleurs on y avait mis.

Les oignons formaient trois ronds, blancs, rouges, bleus : « Quel tour abominable vous
» m'avez joué là ; une cocarde tricolore dans
» mon jardin ! c'est affreux ! arrachez ces fleurs
» rouges, les bleues, plantez-les ailleurs ! rem-
» placez-les par des tubéreuses, narcisses, lis
» blancs et autres de cette couleur ; je ne sorti-
» rai d'ici que lorsque ma rondelle sera purgée
» de ces deux couleurs. »

III.

La maison habitée par la famille Lander était une propriété nationale et devait être vendue avec d'autres domaines le 3 nivôse (24 décembre).

Comme elle provenait du clergé, et que pour ce motif M. Lander ne voulait pas l'acheter, je résolus de m'en rendre adjudicataire ; pour cela, je dus partir la veille.

La terre était couverte de neige ; les chemins impraticables. *Riri*, prévoyant les dangers que j'allais courir en route, offrit de m'accompagner pour me frayer le chemin au péril de sa vie et marcher avec moi au milieu de la neige jusqu'à Schélestadt ; même de venir *seule* avec moi, de l'assentiment de sa mère. Elle se proposait d'aller coucher avec ma sœur, pour ne pas me causer de l'embarras. Mais je ne pus consentir, malgré son noble dévouement, à exposer ainsi la vie d'une jeune personne, par un temps affreux et au milieu d'un hiver rigoureux.

Je me suis repenti plus d'une fois de n'avoir pas cédé à ses prières, je m'en fais encore un reproche aujourd'hui ; je partis sans elle et la laissai au désespoir, promettant d'être de retour le lendemain soir à 4 heures, dût-il tomber des hallebardes.

La vente commença à l'heure indiquée ; mais par malheur la maison que je voulais acheter, étant la dernière de l'affiche, ne me fut adjugée que vers une heure après midi, et je ne pus me mettre en route que vers deux heures ; je pris à la hâte un bouillon et un verre de vin.

Il faisait un temps épouvantable, la neige tombait par flocons depuis plusieurs jours ; la route et les terres en étaient couvertes à plus de deux pieds d'épaisseur. A un quart de lieue de la ville, le vent m'enleva mon couvre-chef; en courant après mon chapeau, je perdis un de mes gants fourrés.

J'étais chargé d'un fusil double, de deux pistolets, d'une gibecière pesant avec son contenu 15 livres, d'une canne à sabre, etc.

Je marchai péniblement jusqu'à Epfig, où m'attendait un de mes compagnons de voyage; mais il n'y avait ni chevaux ni voiture disponibles ; je fus donc forcé de continuer ma route seul, à pied ; il était quatre heures et demie, le jour commençait à disparaître.

Décidé, malgré tout, à retourner à Obernai, sans m'arrêter en route, je continuai à marcher au milieu de la neige, sans pouvoir distinguer ni chemin, ni arbre, ni buisson qui pût me diriger.

On ne voyait plus aucune trace de la voie publique, nulle trace d'hommes, de bestiaux ni de voitures ; je n'entendais que l'effroyable vent du nord, aucun son de cloche ni d'horloge ; pas le moindre bruit, que la terrible bise qui me chassait la neige dans la figure.

Je me ressouvins qu'à pareille heure, il y avait un an, je marchai également dans la neige, pendant toute la nuit, mais alors je n'étais pas seul, les sentiers étaient frayés....

Depuis la perte de mon gant, je ne pouvais me servir que d'une main.

Pour ne pas tomber dans un fossé couvert de neige, je ne pus avancer qu'à pas lents, et après avoir, à chaque pas, sondé le terrain avec ma canne à sabre ; mon bras s'enfonçait jusqu'au coude.

J'ai traversé Guertviller, il était environ sept heures, sans distinguer les maisons ensevelies sous la neige; j'avais encore cinq quarts de lieue à faire, et songeais qu'on m'attendait avec impatience ; j'avais promis de revenir le soir, dût-il tomber des hallebardes ; je voulais tenir ma parole et continuais mon chemin presque malgré moi ; le vent du nord me soufflait la neige au visage. Avec beaucoup de peine je me maintins sur la route bordée de fossés profonds couverts de glaces et de neige.

Le danger me parut imminent, inévitable, je me crus perdu sans ressource ; mon imprudence me coûta cher. Si j'eusse trouvé un arbre sur le bord de la route, je m'y serais appuyé pour en finir avec la vie, mais je ne voulais pas me laisser tomber dans un fossé, pour y rester enseveli sous la neige jusqu'à la fin de l'hiver.

Je regrettais la vie à cause de *Riri*.

Pendant trois mortelles heures d'angoisses, je me reprochai de n'avoir pas écouté les conseils de cette personne si dévouée, et d'être la cause de son désespoir, de sa mort !

Si j'eusse permis à *Riri* de m'accompagner, seule ou en société d'une autre amie ou de son frère, me disais-je, nous aurions pernuité à Schélestadt, et serions partis demain par la diligence de Strasbourg.

Je commençais à être très-inquiet sur mon sort, c'était ma dernière heure.

Sachant qu'à peu de distance de l'endroit où je me trouvais, la route se divise en deux directions opposées, je frémis d'effroi en pensant au danger que je courais, soit en restant au milieu de la chaussée, soit en me dirigeant trop à droite, ou à gauche; je me crus perdu sans ressource.

Tout à coup j'entendis un bruit sourd derrière moi, un être qui s'approchait à pas lents, et enfonçant, comme moi, la neige glacée.

Serait-ce un ours? il n'y en a pas aux environs.

Un loup? l'être qui s'approche, à pas mesurés, est trop grand, trop noir, trop lourd!

Un brigand? il fait trop mauvais temps pour ces gens-là.

Bah! ce ne sera pas le diable, quoiqu'étant si noir!

Qui vive? *Sitoyenn*; d'où? *Vo Oberné*, etc.

Par un bonheur providentiel, c'était un chapelier d'Obernai, qui, revenant de Dambach retournait chez lui, chargé d'une grande hotte remplie de chapeaux; je laissai passer cet homme devant moi et m'accrochai au pan de son habit : j'étais sauvé, au moment où il n'y avait plus d'espoir de salut.

Mon guide connaissait mieux la route que moi; il était fort, et un soutien.

J'avais mis quatre heures pour faire cinq quarts de lieue, depuis Guertviller.

J'avais essayé inutilement de tirer un coup de fusil en sortant de ce dernier endroit, puis de pistolet, les amorces étaient trop humides. J'étais gelé, roide comme un piquet, incapable de faire un pas sans soutien.

Grâce à mon conducteur qui me traînait derrière sa hotte, j'arrivai enfin aux portes d'Obernai, après 9 heures de fatigues terribles; il était onze heures.

Au bruit que fit mon conducteur, la porte

s'ouvrit ; masqué par la hotte du chapelier, je ne fus pas aperçu au premier moment ; on me crut perdu.

Riri, toute sa famille et d'autres amis m'attendaient avec angoisses chez le portier ; elle me sauta au cou les yeux baignés de larmes, et m'accabla de reproches sur ma témérité et mon peu de confiance en son dévouement.

Elle m'aida à marcher à travers trois pieds de neige jusqu'à mon logis ; chacun s'empressait autour de moi, l'un me débarrassait de mon fusil, l'autre de ma gibecière, un troisième de ma canne à sabre ; quant à moi je ne pouvais plus mouvoir aucun membre. J'avais la tête enflée, grosse comme un boisseau, la figure couverte de glaçons, ma gorge et ma poitrine étaient très-embarrassées, je respirais avec peine ; mes bottes étaient remplies de glace.

Riri, ni les autres personnes ne s'informèrent du résultat de l'adjudication qui m'avait amené en ville ; on ne s'occupait que de ma personne et des soins qu'exigeait mon triste état.

Il ne me fut pas possible de fermer l'œil de toute la nuit ; je sentis des douleurs aiguës, comme si on me brûlait avec des fers rouges.

De cette nuit fatale datent les infirmités dont je reste affligé depuis près de 59 ans, après avoir fait usage des eaux thermales de Plombières, Baréges, Cauterets, Saint-Sauveur, etc., etc. Je fus forcé de tenir le lit pendant plusieurs jours, sans pouvoir faire usage de mes membres ; ce qui me consolait pourtant, c'est que j'eus dans cette circonstance une nouvelle occasion de connaître le bon cœur et le dévouement de *Riri*.

— 54 —

Mesdames Lander vinrent me faire une visite, *Riri* paraissait très-souffrante ; la mère dit qu'elle était indisposée depuis la nuit de Noël.

La mise de *Riri* était élégante et toute à la mode du temps : une robe en satin blanc, ceinture pareille, avec une boucle en vermeil ; manteau à capuchon en satin jaune, garni en martre, doublé de soie blanche ; souliers blancs ; un chapeau à bords larges de feutre de soie longue grénat, avec ruban, flot et plumes de même ; un collier en perles auquel était suspendu un christ en or ; un manchon en queue de martre dans lequel elle tenait un livre de prières garni en argent ; des gants blancs en soie de lapin.

« Vous venez de la messe, mademoiselle, lui
» dis-je, avez-vous prié pour moi ? — Certaine-
» ment oui, j'ai entendu trois messes ; la pre-
» mière en votre intention, la deuxième pour
» mes parents, la troisième pour mes frères et
» ma sœur ; Joséphine en a sans doute fait
» autant. Je songeai à vous toute cette nuit,
» vous n'allez pas à l'église, vous n'avez pas
» été à confesse depuis plus d'un an, peut-être?
» — Plus longtemps. — Depuis deux ans ? —
» Davantage. — Oh mon Dieu ! depuis trois
» ans ; vous avez manqué de périr dans la
» neige, il s'en est peu fallu, sans le secours de
» François, chapelier, vous étiez perdu pour
» toujours, corps et âme ! Nous avons prié
» pour votre conservation depuis quatre heu-
» res ; vous êtes honnête homme, sage, ver-
» tueux, d'une conduite irréprochable, humain,
» charitable, etc., il faut aussi songer à votre
» salut. Venez à l'église avec moi ; je vous
» ferai un grand sacrifice, avec l'assentiment
» de maman, j'irai seule avec vous ; je viendrai

» vous prendre. Vous me donnerez le bras, je
» vous présenterai l'eau bénite en entrant;
» vous vous placerez à côté de moi, si cela vous
» convient; vous me rendrez l'eau bénite en
» sortant, puis me reconduirez chez moi. Ne
» me refusez pas cette satisfaction ! me le pro-
» mettez-vous? vous n'avez pas écouté les
» conseils de votre ange gardien pour aller
» seul à Schélestadt, vous savez ce qu'il en est
» arrivé. »

Les églises n'étaient pas ouvertes légalement, on célébrait la messe dans des maisons
particulières ; des prêtres en grand nombre se
tenaient cachés, notamment un de mes cousins
qui vint me voir en secret. De crainte de compromettre soit prêtres, soit particuliers, je ne
crus pas prudent, pour le moment, de céder
aux vives instances de cette intéressante et
dévouée amie (1).

Le calendrier républicain alors en usage, me
fit oublier le nouvel an, *vieux style ;* ces demoiselles vinrent m'offrir plusieurs petits ouvrages
confectionnés par elles: des pantoufles en étoffe
de soie, brodées en argent, cordons de montre,
cravattes, un manche de cravache entouré de
grains de verre de plusieurs couleurs, etc. etc.

Nous célébrâmes la fête des Rois, ce qui me
procura le plaisir d'offrir à ma nombreuse
société un beau goûter, réitéré deux soirées de
suite.

---

(1) Quelques mois après, un prêtre réfractaire, arrêté
dans les environs, fut conduit à Strasbourg, jugé et
exécuté dans les vingt-quatre heures.

Je me rétablis enfin. A dater de ce moment, mes rapports avec *Riri* et ses parents devinrent plus fréquents et plus intimes ; j'étais reçu dans cette famille comme un frère, je partageais ses joies et ses fêtes ; de jour en jour mon amour devenait plus ardent pour cette jeune fille, qui se dépouillait de ses vêtements pour en vêtir les enfants pauvres ; pour cet ange de bonté qui m'aidait de ses conseils et me donnait, à chaque instant, des preuves nouvelles de sa vive sollicitude pour moi.

L'hiver se passa on ne peut plus agréablement pour moi ; je n'avais qu'une permission provisoire pour rester dans mes foyers jusqu'à la rentrée de mon bataillon, prisonnier de guerre à Temesvar, où il est resté jusqu'en 1796. Dans cette position précaire, je n'osais pas penser à un établissement ; je ne songeais pas que mon bonheur tenait à bien peu de chose, à quelques démarches pour obtenir ma libération définitive, et faire durer ce bonheur toute ma vie, en unissant mon sort à celui de cette jeune personne aussi belle que vertueuse.

Sur l'assurance que me donnèrent quelques amis que dans aucun cas ma demande ne serait refusée, dussé-je être envoyé en Cochinchine, j'étais disposé à demander *Riri* en mariage à ses parents.

Un événement dont j'ai mal calculé les conséquences, vint déranger mes projets et mettre un obstacle à mon bonheur.

Au commencement du mois de mars (ventôse an III), je reçus de la commission des revenus nationaux ma nomination au bureau de Brunstatt, en récompense du zèle dont j'avais donné des preuves au bureau d'Obernai ; *je n'avais pas demandé d'avancement.*

A la lecture de cette lettre, *Riri*, assise à mes côtés, laissa échapper l'ouvrage de ses mains, devint pâle comme la mort, tomba en faiblesse ; il fallut l'emporter dans une autre pièce ; quand elle fut revenue à elle, elle me supplia de ne pas accepter, et de permuter avec mon successeur. « Ecrivez-lui de suite, dit-elle, il ne demandera pas mieux. »

Le même jour j'envoyai ma démission, motivée sur le défaut d'âge.

Cette résolution irréfléchie eut pour moi des suites bien funestes ; j'avais commis une faute, je n'eus pas le courage de la révoquer. Le citoyen Langhans venait de faire, la veille de l'arrivée de ma nomination à Brunstatt, près de la famille Lander, les démarches convenues quelques jours auparavant ; sa proposition avait été accueillie avec empressement ; on convint de n'en faire part à la jeune personne que le lendemain, au retour d'une soirée à laquelle nous étions invités tous.

Hélas ! *Riri* quitta mon bureau pour se mettre au lit ; la nouvelle inattendue de mon changement fut un coup de foudre pour toute la famille, on jugea le moment inopportun pour instruire *Riri* de la demande du citoyen Langhans.

Le lendemain j'appris par mon ami le résultat de sa visite avec d'autant plus de regret, que si, avant d'envoyer ma démission, j'eusse réfléchi, je n'aurais pas douté un instant des intentions bienveillantes de la famille. Toutes et quantes fois qu'il avait été question de mon rappel probable sous les drapeaux, la pauvre fille disait « que je ne partirais pas. »

Je regrettai donc vivement la précipitation que j'avais mise à donner ma démission.

Depuis cette époque je n'ai plus eu de bonheur. Mes regrets augmentèrent de jour en jour, ils étaient d'autant plus vifs que la maladie à laquelle cette intéressante personne a succombé, m'a paru être la suite de cette fatale nuit de Noël, que j'aurais évitée, en acceptant les offres de *Riri* pour m'accompagner à Schélestadt, dans les intentions les plus louables.

Quatre jours après, en rentrant de la promenade, nous trouvâmes au bureau l'inspecteur et mon successeur. *Riri* quitta mon bras, sortit du bureau sans prononcer une parole, pour ne plus y rentrer de sa vie.

Le surlendemain j'étais débarrassé de ma gestion, un an après mon arrivée ; je me fis annoncer chez *Riri* ; elle me reçut au sein de sa famille ; elle était pâle, triste, mélancolique. — Vous allez donc nous quitter ? — Non, pas encore, je resterai en attendant les ordres de la régie.

Avec la réponse à ma démission, je reçus l'ordre de me rendre à Schélestadt pour instruire et aider un employé nouveau dans l'administration.

Je fus obligé de quitter Obernai ; M. Lander m'invita à dîner ; nos adieux furent tristes de part et d'autre. La famille m'accompagna jusqu'à la voiture, je promis de revenir dans quinze jours.

A la fin du mois, mon successeur vint me prévenir que *Riri* était malade depuis mon départ, je pris aussitôt place dans sa voiture.

Nous arrivâmes tard ; l'heure me paraissait inopportune pour faire une visite chez une demoiselle malade, *Riri* fut cependant prévenue de mon arrivée.

Le lendemain elle me fit des reproches sur mon peu d'empressement ; je restai trois jours à Obernai; ma présence rendit un peu de calme et de force à cette jeune fille, mais ne put pas la rétablir.

A peine débarrassé du bureau de Schélestadt, puis assigné en témoignage devant le tribunal criminel de Strasbourg, dans une affaire où figuraient cinq cents témoins, je fus chargé de l'intérim du bureau de Haguenau qui ne devait durer qu'une quinzaine de jours; je me détournai chaque fois de ma route pour passer par Obernai.

Riri n'était pas mieux portante; on espérait que ma visite lui rendrait un peu de tranquillité ; elle descendit au salon; il ne me restait que le temps indispensable pour arriver à mon poste, je promis d'être de retour sous peu de jours.

A Strasbourg ma destination fut changée pour un autre bureau; je ne fus relevé qu'au bout de six semaines.

Je partis aussitôt pour Obernai, muni de quelques coupons d'étoffes que mon successeur m'apportait de Paris, pour les offrir à *Riri,* à l'occasion de sa fête de mémorable mémoire.

J'arrivai à six heures du soir, la famille me reçut avec grande satisfaction ; *Riri* me parut être plus affaiblie, bien plus malade qu'à mon précédent voyage.

.. « Vous me trouvez bien changée, me dit-elle,
» vous m'avez délaissée bien longtemps, votre
» absence prolongée m'a causé beaucoup de
» peine ; je m'en suis ressentie, on me croyait à
» l'extrémité, j'ai été administrée, je vais mieux
» actuellement, j'espère pouvoir me lever de-

» main ; vous resterez ici quelques jours, n'est-
» pas Louis ? demain il y aura un an que j'ai
» eu le bonheur de vous voir pour la première
» fois, ce sera ma fête, aussi vous irez, j'espère,
» à la messe pour moi, en mon intention ; vous
» prierez pour moi, vous savez que je ne vous
» oublie pas ; c'est peut-être à nos prières que
» vous êtes redevable d'avoir échappé à la mort
» la veille de Noël, lorsque vous aviez dédaigné
» l'assistance de votre ange gardien. Il y a quel-
» ques jours, lorsque je me sentais si mal, j'ai
» recommandé à ma sœur de vous remettre
» quelques petits souvenirs conservés dans
» mon armoire ; il y a une mèche de mes che-
» veux, mon portrait, quelques reliques, etc.,
» je vous les remettrai demain, j'espère être
» mieux portante ; vous reviendrez après la
» messe, si le bon Dieu voulait exaucer mes
» prières, je vous accompagnerais ! »

Quant à moi, je n'étais pas rassuré sur le compte de cette intéressante personne ; le médecin ne parut pas très-tranquille, il ne prescrivait plus aucun remède, laissait aux parents la faculté de contenter les désirs de la malade, sans promettre un prochain rétablissement, il donnait encore un peu d'espoir pour le lendemain.

J'avais remis à Joséphine les étoffes, pour les offrir de sa part, à sa sœur, le lendemain.

Riri me tendit la main que je baisai.

A 10 heures, je quittai cette famille, le cœur navré de douleur. J'embrassai *Riri* sans prévoir que ce serait pour la dernière fois.

Pendant toute la nuit l'image de *Riri* telle que je venais de la voir sur son lit de douleur, ne me quittait pas ; je lui parlais, la consolais, l'encourageais, j'espérais !

A six heures du matin, la petite Frœntzelé, fille de mon hôtesse, vint m'annoncer que *Riri* avait cessé de vivre; je ne pus d'abord ajouter foi à cette nouvelle affreuse, *Jungfer Francisque* vint me la confirmer et me fit le récit de ses derniers moments :

A onze heures, sentant ses forces épuisées, elle demanda à être administrée pour la dernière fois; à minuit, heure de sa naissance, elle recommanda ensuite à sa sœur le carton à mon adresse, se fit apporter un autre carton renfermant les vêtements dont elle voulait être revêtue : la robe blanche, la couronne, le bouquet de roses, le bonnet, etc., qu'elle avait portés en sortant de prison; puis elle pria ses parents de continuer les relations amicales avec leur meilleur ami.

A Joséphine elle dit : « Ma sœur, si Louis
» avait besoin de tes services, j'espère que tu
» ne les lui refuseras pas ; vous m'avez dit
» souvent que nous sommes solidaires pour la
» reconnaissance; tu remplaceras ta malheu-
» reuse sœur en amitié et dévouement ; je
» regrette de n'avoir pas été à même de récom-
» penser les services que notre ami nous a
» rendus; acquittez-vous de notre dette lors-
» que la Providence vous aura mis à même
» de le faire. »

Elle recommanda de placer sa tombe au bas du calvaire, à un endroit où nous nous reposions ordinairement dans nos promenades, et d'y ériger un simple monument, avec l'inscription de son nom ; les pauvres, ajoutait-elle, prieront pour moi, je recommande mon âme à Dieu!

A deux heures elle avait cessé de vivre.

Je pris mon chapeau et ma canne et partit,

sans prononcer une seule parole, avec l'intention de ne jamais revenir en cette cité de tristes souvenirs.

Riri est morte comme une sainte, entourée de sa famille qu'elle consolait de sa perte, et au milieu des regrets de la ville entière ; les pauvres ont longtemps conservé le souvenir de sa charité inépuisable ; quant à moi, son image ne s'effacera de ma mémoire, qu'avec ma vie ; je regretterai toujours que la position précaire où je me trouvais à Obernai, ne m'ait pas permis de la demander en mariage ; j'aurais trouvé auprès d'elle un bonheur que je n'ai plus connu depuis sa mort.

Vers la fin de septembre, mademoiselle Joséphine, accompagnée par *Jungfer Francisque*, m'apporta la boîte contenant les objets que feue *Riri* lui avait confiés pour moi, et tous les petits cadeaux donnés à la défunte en différentes circonstances ; j'eus beaucoup de peine à faire accepter par Joséphine une bague, un christ, une épingle, un chapelet et un collier que *Riri* avait portés ; les étoffes remises la veille de la mort, furent refusées avec obstination.

Joséphine avait perdu sa fraîcheur ; pâle, maigre, toussant beaucoup, elle me parut affectée de la même maladie que feue sa sœur ; elle se rendait à Rouffach, chez sa grand'maman, pour changer d'air ; deux mois après j'appris qu'elle était morte !

Malgré mon éloignement, je restai quelque temps en relations amicales avec cette famille ; le père et trois fils vinrent me voir successivement ; ceux-ci furent appelés au service militaire ; le puiné, *Amand Constant-Marie-Fidèle* (prénoms composés de ceux des parrain et marraine), a passé chez moi une quinzaine de jours après la bataille d'Eylau ; j'ai rencontré le cadet à Fribourg, en Brisgau, en l'an VIII (1800), il était sous-officier de dragons.

Après la mort de *Riri* je ne pus supporter la vue, même à une grande distance, de ces lieux qui me rappelaient mon bonheur passé, je m'en éloignais autant que possible, lorsque mes affaires m'appelaient dans le canton, me promettant bien de ne jamais y retourner.

De nouveaux événements vinrent encore nous séparer, et selon toute apparence, pour toujours. Le père est décédé juge de paix du canton, un des fils était officier dans un régiment de la garde royale.

En 1820, je faisais une promenade avec mes fils, à Sainte-Odile ; nous pernuitâmes à Barr ; après avoir parcouru des montagnes couvertes d'épais nuages et visité les restes de l'ancien château du roi Dagobert, nous parvînmes dans un lieu où l'on voyait encore les restes du camp construit par *Germanicus, Heydenmaur*, en blocs de rocher d'un mètre carré ; mon nom et celui de *Riri*, écrits en 1794, 1795, en différents endroits, subsistaient encore au cloître et dans les chapelles. Nous étions occupés depuis quelque temps à déterrer de jeunes sapins, dans les restes du mur d'enceinte, lorsque tout à coup un ecclésiastique déjà âgé m'aborda, et après m'avoir regardé quelque temps, me demanda si je n'avais pas habité Obernai autrefois, si je n'étais pas natif de Schélestadt ?

A cette question, je reconnus un de mes anciens professeurs, le R. P. Martial Wagner, qui, né dans cette dite ville, s'y était tenu caché pendant la révolution ; après un court entretien, il m'engagea à visiter encore une fois, les lieux qui m'étaient si chers.

A la vue de cette ville au pied de la montagne, de ses clochers, tours antiques, bâtiments élévés, parmi lesquels je distinguais le faîte de la maison Lander, je me sentis vivement ému ; tant de souvenirs s'y rattachaient. Il me restait un dernier devoir à remplir, me rendre sur la tombe de *Riri !*

Mes fils avaient souvent entendu parler d'Obernai, ils brûlaient du désir d'y aller ; cette idée fut approuvée par mon professeur.

Notre voiture était restée à Barr, je fis partir un exprès pour la conduire à Obernai ; dans notre précipitation, nous oubliâmes nos manteaux et caricks ; nous descendîmes au pas de course.

Au lieu d'entrer par la porte de Klingenthal, nous fîmes le tour du faubourg et nous rendîmes directement au cimetière ; je n'eus pas de peine à reconnaître *au bas du calvaire,* la tombe de la jeune fille morte au plus beau de son printemps. Mon fils cadet trouvait extraordinaire que l'on eut inscrit le mot *Riri* à la place où on met ordinairement les lettres I. N. R. I. L'aîné de mes enfants dit qu'il était remarquable que la jeune personne était décédée il y avait, ce jour-là, justement vingt-cinq années.

Je fis chercher chez le fossoyeur, logé dans le voisinage, une bêche ; nous plantâmes les sapins arrachés sur la *Heydenmaur.*

Une fois ce devoir rempli, je me rendis à l'auberge, à l'Ours, où notre voiture nous attendait.

Par un hasard étonnant, la femme de l'au-

bergiste était précisément une des personnes
qui m'avaient attendu avec *Riri*, le soir où je
faillis perdre la vie, la veille de Noël ; elle me
rappela encore les angoisses que l'on avait
éprouvées en m'attendant, pendant sept heures
de temps, et toutes les circonstances qui signa-
lèrent mon séjour à Obernai, vingt-cinq ans
auparavant.

Les fatigues que nous avions éprouvées pendant cette laborieuse journée, depuis quatre
heures du matin, nous forcèrent de rompre
notre entretien avec l'aubergiste.

Je fis passer notre voiture par une rue
détournée, pour ne pas traverser le quartier
que j'habitais autrefois ; une pluie d'orage qui
nous surprit à la hauteur de Barr, nous fit
regretter les manteaux oubliés au haut de la
montagne. Nous n'arrivâmes à la maison qu'à
onze heures du soir, trempés comme des
canards.

En 1838, mon fils, alors lieutenant au 19ᵉ
léger, arriva à Obernai, avec un détachement
de jeunes soldats qu'il conduisait à Phalsbourg;
il logea précisément chez la fille de mon ancien
hôte ; aussitôt que celle-ci entendit prononcer
le nom de Schott, elle demanda à mon fils d'où
il était, s'il me connaissait, si j'étais encore en
vie ? Sur sa réponse, elle lui rappela toutes les
circonstances qui avaient signalé mon séjour à
Obernai, lui fit voir mon ancien logement, les
noms de Riri et de Louis, gravés sur les car-
reaux des fenêtres, raconta mes rapports avec
Riri, les réunions joyeuses qui avaient lieu
chez moi tous les soirs, enfin la triste mort
prématurée de *Riri*, si regrettée par la population entière.

Mon fils, qui m'avait aidé en 1820, à planter des sapins sur la tombe de *Riri,* comprit alors le motif qui m'avait conduit sur la tombe d'une jeune fille pour y déposer un dernier hommage; il se rendit ensuite au cimetière, en compagnie d'un autre officier qui faisait route avec lui ; les sapins plantés en 1820, étaient morts.

Après s'être acquittés de leur commission, les deux officiers vinrent chez moi, et pendant trois jours de séjour, ne cessèrent de me rappeler tout ce qu'ils avaient appris à Obernai, où la famille Lander s'était éteinte.

IV.

Je reviens à la veille de Noël 1847.

A mon retour de Saint-Flin, je ne songeais qu'à cette jeune fille, *Marie,* ainsi que je l'ai dit en commençant, qui, à pareil jour 1794, voulait m'accompagner pour m'éviter les dangers auxquels j'allais m'exposer. Le souvenir de cette nuit néfaste me fit passer en revue toutes les circonstances de l'année la plus remarquable de ma vie ; je recherchais dans ma mémoire tous les détails de cette triste époque, et me mis au lit très-tard, sans pouvoir dormir.

Le son des cloches pour la messe de minuit, le bruit des passants pour aller à l'église, prolongèrent mon insomnie ; l'image de *Riri* ne me quittait pas, je la vis successivement belle, gracieuse, comme au premier jour de sa mise en liberté ; aimable, reconnaissante, comme au district ; majestueuse comme au jour de Noël ; gaie, franche, cordiale comme au jour des Rois ; vive, spirituelle comme je l'avais vue journellement assise dans mon bureau.

A six heures du matin je m'assoupis ; je rêvais que je me mariais avec *Riri*, devant l'officier de l'état civil, dans la salle de la mairie à Nancy ; plusieurs personnes dont je n'ai pu me rappeler les noms, étaient présentes. L'adjoint du maire et le secrétaire écrivaient, sans doute, l'acte de mariage ; j'ignore si on avait fait les publications prescrites, *Riri* était debout à un pied environ en avant, à ma gauche, et tournait sa figure vers moi. Elle était habillée comme le premier jour de sa visite : la robe blanche, ceinture, souliers blancs, un christ suspendu à un collier de perles, une petite couronne de roses blanches et de lis, son bouquet de la fête du 15 août ; sa figure, dont la douceur et le charme peignaient bien le dévouement et l'admirable candeur de son âme, ne paraissait pas altérée depuis 1794.

Riri, lui disais-je, vous êtes toujours belle ; où étiez-vous donc depuis 53 ans ? je vous croyais morte ! Vous voyez bien, M. Louis, que je ne suis pas morte.

Au même instant, nous nous trouvons à l'église d'Art-sur-Meurthe (sans savoir par quel véhicule, ni comment nous avions fait ce trajet aussi lestement), en présence de M. le curé et de l'instituteur, revêtus de leurs surplis ; plusieurs personnes inconnues, probablement les convives de Nancy, se trouvaient dans les bancs.

Riri, encore debout à ma gauche, n'avait pas changé de toilette. Sans autre cérémonie, M. le curé qui, sans doute, avait fait venir les dispenses, demanda à *Riri* : Mademoiselle, voulez-vous prendre pour votre époux M. Schott ici présent ?

— Non, Monsieur, répondit-elle, en souriant et se tournant vers moi.

Mademoiselle, lui dit le curé, vous ne pouvez pas dire non, vous êtes mariée légalement devant le maire, il faut absolument que vous disiez *oui*.

Riri : En ce cas, M. le curé, pourquoi votre question ?

M. le curé me demanda la bague, j'en avais les poches remplies, j'en pris une poignée pleine.

Vous en avez une provision, dit *Riri* en riant; elle en choisit une garnie d'un diamant : « Je reprends, dit-elle, celle que vous m'aviez donnée par l'intermédiaire de Joséphine, il y a cinquante-trois ans; on vous l'a donc rendue?

Un instant après je me vis à table, dans un salon que je ne me ressouviens pas d'avoir jamais vu; deux croisées ornées de pots de fleurs donnaient vers le midi, sur cour et jardin.

Riri était placée en face de moi, à sa droite M. P..., à sa gauche M. M...; madame P... à ma droite, *Maria* ma petite-fille à ma gauche; je ne me rappelle pas les autres convives; un de ceux-ci fit remarquer que nous étions treize à table, qu'il conviendrait qu'une personne de la société quittât; Maria se levait pour sortir, *Riri* lui dit : Non, ma chère enfant, restez, il faut que nous soyons deux *Maries*; on appellera un quatorzième.

Qui ? M. Albert Etienne (1).

----

(1) Il est mort en 1832.

Un des convives, M. P..., est mort six mois après (1848).

Riri servait le potage, elle se tenait debout, ornée de sa couronne de roses blanches, de son bouquet conservé frais depuis cinquante-trois ans.

M. M..., dit qu'il faudrait nous mettre en route de bonne heure, pour éviter un encombrement au village.

Le repas commençait joyeusement, il me paraissait magnifique ; je me figurais que les voitures nous attendaient devant la maison.

En ce moment ma domestique, qui de la salle à manger voisine m'avait entendu parler haut, entra dans ma chambre et brisa mon rêve ; au bruit qu'elle fit en ouvrant les contrevents, je m'éveillai en sursaut. Mon Dieu, m'écriai-je, je rêvais que je me mariais avec *Riri*, quel dommage de m'avoir éveillé ;...... allez vous en gens de la noce, allez vous en chacun chez vous; pour manger ce qui me reste, je n'ai pas besoin de vous.

Il n'y avait plus ni mariée, ni convives, ni repas de noce, j'ignore qui l'avait commandé, qui l'a payé, tout avait disparu.

Il ne me restait plus que le souvenir, triste consolation.

On m'a souvent fait la question : Pourquoi n'avez-vous pas demandé *Riri* en mariage plus tôt ?

J'ai dit plus haut que n'ayant qu'une permission provisoire jusqu'à la rentrée de mon bataillon, j'étais exposé à être rappelé d'un jour à l'autre ; que la position précaire où je me trouvais ne me permettait pas de songer à un établissement; je ne fus heureux que pendant l'année passée à Obernai. Par une funeste fatalité, j'ai plus d'une fois, dans ma vie, en diverses circonstances, laissé échapper les meilleures occasions; j'aurais fait mon bonheur en épousant *Riri*, je ne cesserai jamais de me reprocher sa mort.

J'ai perdu successivement mes trois fils, une fille, trois petits-enfants, un de mes gendres, ma femme.

Il ne me reste plus que mes souvenirs et l'espoir d'être réuni un jour dans un meilleur monde à *Riri*, persuadé qu'elle se trouve au séjour des bienheureux.

24 février 1848.

V.

Le 15 août 1850, en traversant la cour du Casino, à Nancy, je fus accosté, à l'improviste, par deux dames vêtues à l'alsacienne, en demi-deuil.

Herr Schott, s'écrièrent-elles à la fois, *vous ne me reconnaissez pas, je suis Frantzelé Galeto, fo Obernœ, la fille de votre hôte; pendant votre séjour chez nous, je faisais vos commissions, etc., etc. — Je suis Grœdelé, fille du jardinier de M. Lander, c'est moi qui vous apportais journellement des bouquets pour M*lle* Riri, vous me donniez chaque fois un assignat de 10 sous ou une pièce de 2 sous, que je préférais, etc., etc.*

Elles se disaient belles-sœurs et se rendaient à Toul pour affaires de succession; ayant appris au bureau des messageries que la voiture pour Toul ne partait qu'après midi, elles cherchaient *l'auberge du Casino,* où, d'après ce que feu mon fils leur avait dit, en 1838, elles croyaient que je logeais.

Je les fis entrer au café parisien ; elles furent émerveillées à la vue de ces vastes salles ornées de cadres dorés, de glaces du *haut en bas,* dans lesquelles les nombreuses personnes présentes et les passants dans la rue étaient reflétés innombrablement.

Strosbourck n'est pas aussi beau que Nancy, disaient-elles.

Ce qu'elles admiraient le plus, c'étaient ces *tuiles en verre,* qui couvrent la flamande, à travers lesquelles elles apercevaient le firmament de l'intérieur de la salle.

Quoiqu'elles fussent encore très-jeunes à l'epoque citée au commencement de cette histoire, elles se ressouvenaient parfaitement de toutes les circonstances de mon séjour en leur commune, et m'entretinrent longuement, avec de minutieux détails, de feue *Riri,* de ses funérailles, des honneurs à elle rendus, des guirlandes, couronnes, bouquets, cierges, etc. dont fut entouré son cercueil, etc. ; des souvenirs et des regrets que la pauvre fille a laissés dans toute la contrée.

J'appris qu'un des fils Lander, ancien officier retiré en Suisse, en passant à Obernai, il y avait peu de temps, s'était informé de moi et avait demandé mon adresse, se proposant de venir me visiter à son retour du grand duché de Baden.

Je fis voir aux deux voyageuses, l'arc de triomphe, la place Stanislas, etc ; elles admirèrent notamment *la statue de ce saint, orné d'un sabre, qui, de la place, donne la bénédiction vers la préfecture !* puis, à côté du portail de l'ancien palais ducal, l'âne affublé d'une robe de cordelier, qui prêche du haut de la chaire : *Vanitas vanitatum, omnia vanitas.*

Accablé par les tristes souvenirs que cette rencontre fortuite venait de faire renaître dans mon âme, je remis à ces dames mon adresse, et sortis aussitôt de la ville, tout à fait abasourdi, sans avoir fait une seule visite, sans m'être acquitté d'aucune des commissions qui avaient déterminé mon voyage.

A mon retour chez moi, je ne pus me ressouvenir ni par quelle porte j'étais sorti de Nancy, ni par quel chemin j'étais revenu.

L'horloge sonnait midi.

Triste anniversaire après 56 ans !

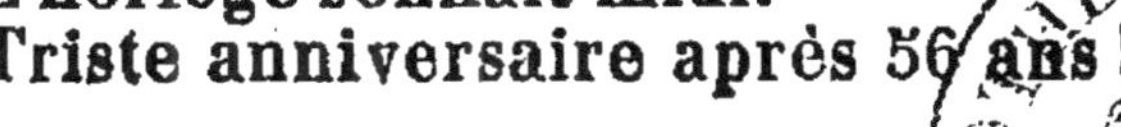

9 782329 151069